O Controle
de Constitucionalidade
e de Convencionalidade
no Brasil

Marcelo Figueiredo

O Controle
de Constitucionalidade
e de Convencionalidade
no Brasil

O CONTROLE DE CONSTITUCIONALIDADE E DE CONVENCIONALIDADE NO BRASIL

© MARCELO FIGUEIREDO

Direitos reservados desta edição por
MALHEIROS EDITORES LTDA.
Rua Paes de Araújo, 29, conjunto 171
CEP 04531-940 – São Paulo – SP
Tel.: (11) 3078-7205 – Fax: (11) 3168-5495
URL: www.malheiroseditores.com.br
e-mail: malheiroseditores@terra.com.br

Composição: PC Editorial Ltda.
Capa
Criação: Vânia Lúcia Amato
Arte: PC Editorial Ltda.

Impresso no Brasil
Printed in Brazil
07.2016

Dados Internacionais de Catalogação na Publicação (CIP)

F475c Figueiredo, Marcelo.
O controle de constitucionalidade e de convencionalidade no Brasil
/ Marcelo Figueiredo. – São Paulo : Malheiros, 2016.
104 p. ; 21 cm.

Inclui bibliografia e índice. ISBN 978-85-392-0337-6

1. Controle da constitucionalidade - Brasil. 2. Direito constitucional - Brasil. 3. Ação de inconstitucionalidade. 4. Convencionalidade. I. Título.

CDU 342(81)   CDD 342.81

Índice para catálogo sistemático:
1. Controle da constitucionalidade : Brasil 342(81)
(Bibliotecária responsável: Sabrina Leal Araujo – CRB 10/1507)

SUMÁRIO

PREFÁCIO – INGO WOLFGANG SARLET 7

NOTA INTRODUTÓRIA 9

1. *O CONTROLE CONCENTRADO DE CONSTITUCIONALIDADE NO BRASIL E A AÇÃO DIRETA DE INCONSTITUCIONALIDADE*
   1.1 Considerações introdutórias 11
2. *BREVE HISTÓRICO DO CONTROLE DE CONSTITUCIONALIDADE NO BRASIL* 12
3. *A INCONSTITUCIONALIDADE E SEU CONTROLE* 15
4. *MODALIDADES OU TIPOS DE INCONSTITUCIONALIDADE* 18
5. *O CONTROLE CONCENTRADO (ABSTRATO) DE CONSTITUCIONALIDADE E A ADI* 20
6. *A JUSTIÇA CONSTITUCIONAL* 22
7. *A CONSTITUIÇÃO DE 1988 E A JUSTIÇA CONSTITUCIONAL* 30
8. *A NATUREZA E A FINALIDADE DA AÇÃO DIRETA* 33
9. *OBJETO DA AÇÃO* 37
10. *LEGITIMADOS DA AÇÃO DIRETA* 39
11. *O PROCEDIMENTO DA LEI 9.868/1999: O PEDIDO* 43
12. *AMICUS CURIAE* 49
13. *AUDIÊNCIA PÚBLICA* 53
14. *MODULAÇÃO DOS EFEITOS TEMPORAIS NO CONTROLE DE CONSTITUCIONALIDADE DAS LEIS (NA AÇÃO DIRETA DE INCONSTITUCIONALIDADE)* ... 55
15. *INTERPRETAÇÃO CONFORME A CONSTITUIÇÃO* 59
16. *MEDIDA CAUTELAR* 62

17. Efeitos Vinculantes	67
18. Coisa Julgada	70
19. Acesso à Corte Interamericana de Direitos Humanos – CIDH	
19.1 O esgotamento dos recursos internos e a CIDH	73
20. O Controle de Convencionalidade no Sistema Regional de Controle dos Direitos Humanos	
20.1 A pluralidade de ordens jurídicas. A mais recente inter--relação entre o Direito Internacional e o Direito Constitucional e suas consequências	77
20.2 Direitos Humanos e sua proteção regional	79
20.3 Origens e alcance do controle de convencionalidade	87
20.4 Desenvolvimento do controle de convencionalidade	88
20.5 Princípio da subsidiariedade	90
20.6 Intensidade e alcance do controle	91
20.7 O controle de convencionalidade e o Supremo Tribunal Federal	93
Bibliografia	99
Índice Alfabético-Remissivo	103

PREFÁCIO

Foi com subida honra e muita alegria que recebi o convite para prefaciar esta nova obra do colega e amigo MARCELO FIGUEIREDO, cujo nome pontifica entre as estrelas do direito público brasileiro, para além de sua notável e produtiva atuação tanto como integrante por várias vezes da Comissão de Estudos Constitucionais do Conselho Federal da OAB, bem como Presidente da Associação Brasileira de Constitucionalistas Democratas e Vice-Presidente da Associação Internacional de Direito Constitucional, apenas para mencionar algumas de suas múltiplas atividades na seara do direito constitucional.

Já por isso, qualquer obra e texto da lavra do nosso ilustre prefaciado já mereceria ser levado a sério, dada a sua autoridade e mérito ao versar sobre temas tão diversos quanto complexos e atuais do direito público, designadamente o direito administrativo e, com cada vez maior dedicação, o direito constitucional brasileiro, comparado e internacional.

O presente texto, como bem declina o próprio autor, não se propõe a ser um tratado sobre o processo constitucional nacional e supranacional, mas, sim, um texto didático e atualizado a servir de guia para os estudantes de Direito, sem abrir mão de uma visão integrada do processo constitucional, com destaque para o controle de constitucionalidade, com o assim chamado controle de convencionalidade, seja ele interno, seja ele externo, típico de um constitucionalismo de múltiplos níveis, como se convencionou chamar a convivência entre o direito constitucional interno e em especial (mas não exclusivamente) o sistema internacional da ONU e o sistema regional (americano) de proteção dos direitos humanos, a interagirem de modo dinâmico e dialético numa perspectiva integrada ou que deveria, ao menos, assim operar.

Ainda que se cuide de obra eminentemente didática, o autor, como era de se esperar, não recai num mero superficialismo estéril e nem descuida de abordar os principais tópicos que dizem respeito ao tema. Uma abordagem simples e direta, quando atualizada e suficientemente abrangente dos aspectos principais pode servir de referencial precioso para uma primeira e qualificada aproximação do tema, ademais de roteiro para estudos posteriores mais aprofundados. Além disso, o texto que MARCELO nos apresenta é um testemunho de sua labuta diuturna pela efetividade da constituição e dos tratados internacionais de direitos humanos, servindo de exemplo para gerações de estudantes, aparelhando-os para um bom combate em prol de uma sociedade mais justa e solidária, seja entre nós, seja nos demais recantos do nosso Planeta, ainda tão carente do humano.

Assim, o que podemos almejar é que também este trabalho alcance o merecido êxito pois os direitos fundamentais e os direitos humanos com isso somente terão a ganhar.

Porto Alegre, março de 2016

INGO WOLFGANG SARLET
Professor Titular da PUCRS e Desembargador do TJRS

NOTA INTRODUTÓRIA

Esse é um trabalho que pretende ter um cunho eminentemente didático.

Foi escrito a partir de anotações gerais que venho fazendo sobre o controle da *constitucionalidade* e da *convencionalidade* no Brasil e na América Latina.

Pareceu-me útil publicá-lo, sobretudo para os estudantes de Direito. Estes carecem de um texto sequencial que aborde o tema com uma visão integrada de ambos os institutos que hoje devem ser objeto da preocupação de todos os aplicadores do Direito.

Pareceu-nos importante assim recordar que o chamado direito processual supranacional tem hoje uma importância crescente nos pactos e nos instrumentos internacionais, assim como nos tribunais internacionais, especialmente os relativos à proteção dos direitos humanos como é o caso do Tribunal Europeu de Estrasburgo na França, da Corte Interamericana de São José da Costa Rica, e da Corte Africana, de Arusha na Tanzânia e a jurisdição constitucional (doméstica) dos respectivos Estados.

É evidente que não poderíamos trazer toda a experiência de todos esses Tribunais. Nosso objetivo aqui foi bem mais modesto. Simplesmente tentar revelar a importância do necessário diálogo ainda muito incipiente em nossa região. Diálogo que é possível e desejável entre Tribunais Internacionais e Cortes e Tribunais Constitucionais e congêneres.

1
O CONTROLE CONCENTRADO DE CONSTITUCIONALIDADE NO BRASIL E A AÇÃO DIRETA DE INCONSTITUCIONALIDADE

1.1 Considerações introdutórias

Sempre vale a pena recordar algumas noções elementares a respeito da *teoria geral da inconstitucionalidade*, seja para situar o leitor, seja para fundamentar nossa análise posterior.

Também é oportuno trazer um pouco da *história constitucional* (do direito positivo) brasileiro no que toca ao tema em desenvolvimento. Iniciemos, pois, por essa parte.

2
BREVE HISTÓRICO DO CONTROLE DE CONSTITUCIONALIDADE NO BRASIL

Pode-se dizer que do ponto de vista do direito positivo brasileiro, no Brasil, ao longo de sua história, o sistema adotado é o *jurisdicional,* instituído com a Constituição de 1891, que, sob a influência do constitucionalismo norte-americano, acolhera o *critério do controle difuso,* também chamado de *via de exceção* ou *via de defesa,* que perdurou nas Constituições seguintes até o presente.

A Constituição Imperial brasileira, de 1824, teve longa duração. Ao ser revogada pelo Governo Republicano, de 1889, depois de 65 anos, era a segunda constituição escrita mais antiga do mundo, superada, àquela ocasião, apenas, pela dos Estados Unidos da América.

Caracterizou-se por uma vigorosa centralização política e administrativa. Pouca relevância ou sequer independência tinha o Poder Judiciário àquela época. Dentre outras razões, a Constituição prescrevia em seu art. 10 que:

> os poderes políticos reconhecidos pela Constituição do Império do Brasil são quatro: o Poder Legislativo, o Poder Moderador (do Imperador), o Poder Executivo e o Poder Judicial.

Ademais, como a Constituição Imperial tinha uma parte rígida e outra flexível; nem todas as normas eram de natureza constitucional, circunstância que também afetava o tema do controle. Entretanto, não há negar que em seu texto não se encontrava a competência do Poder Judiciário, ou de qualquer outro órgão político, expressamente, com a faculdade de declarar inconstitucionalidade de atos do Poder Público.

Passemos à República. Foi de fato com a proclamação da República e a instituição da Federação, sob forte influência do sistema norte-americano, que *surge o controle de constitucionalidade no Brasil*, previsto no art. 59, n. 2 e § 1º, da Constituição de 1891.

É possível dizer que neste período acolheu-se a jurisdição constitucional, que era exercida pelo *método difuso*, perante qualquer juiz ou tribunal da jurisdição ordinária, de acordo com o critério de controle difuso. Aos poucos, vamos verificar que, embora o método difuso permaneça como uma realidade no Brasil, ao perdurar nas sucessivas Constituições, ao longo do tempo foram introduzidos novos elementos, de maneira que o sistema de controle de constitucionalidade, como veremos ao longo da exposição, afasta-se do critério difuso puro com a adoção de aspectos do *critério concentrado*, sem que com isso haja uma perfeita identificação com o sistema europeu, aliás, terminologia hoje combatida pela doutrina diante da falta de um critério unificador que possa explicar os diversos modelos presentes naquele continente.

Rui Barbosa, inspirado nas Constituições dos Estados Unidos da América, Argentina e Suíça, influenciou fortemente a concepção da Constituição de 1891, que estabeleceu um regime presidencialista do tipo norte-americano (o Poder Executivo não poderia dissolver a Câmara de Deputados e nem era obrigado a escolher os Ministros de confiança desta) e introduziu um controle judicial moderado (art. 59, § 1º, "b", da Constituição de 1891), pois as leis estaduais podiam ser declaradas inconstitucionais. Logo em seguida, a Lei 221, de 1894, art. 13, § 10, completou esta orientação, atribuindo aos tribunais o poder de não aplicar as leis inconstitucionais.

A Constituição de 1934 manteve o controle difuso de constitucionalidade em seu art. 76, III, "a" e "b". Trouxe três inovações importantes, a ação direta de inconstitucionalidade interventiva, bem como a cláusula da reserva do plenário. Finalmente, atribuía competência ao Senado para suspender a execução, no todo ou em parte, de lei ou ato declarado inconstitucional em decisão definitiva do Supremo Tribunal Federal.

Seguindo, passamos pela Constituição de 1937, 1946, até chegarmos à Emenda Constitucional 16, de 6.12.1965, que criou uma nova modalidade de *ação direta de inconstitucionalidade*, de caráter *genérico*, atribuindo competência ao Supremo Tribunal Federal para processar e julgar originariamente a representação de inconstitucionalidade de lei ou ato normativo, federal ou estadual, apresentada pelo Procurador Geral da República (art. 2º da referida EC-16, que alterou a redação do art. 101, inciso I, "k", da CF de 1946), e também estabeleceu que a lei poderia estabelecer processo, de competência originária do Tribunal de Justiça, para declarar a inconstitucionalidade de lei ou ato municipal, em conflito com a constituição estadual (art. 19).

Chegamos finalmente à Constituição de 5 de outubro de 1988, novo marco jurídico que rompeu com a realidade normativa anterior e estabeleceu um novo paradigma no direito constitucional brasileiro.

Sabemos que o Brasil partiu do sistema norte-americano, evoluindo para um sistema misto e peculiar de controle de constitucionalidade que combina, *essencialmente*, como veremos, o critério de controle difuso por via de exceção com o critério de controle concentrado por via de ação direta de inconstitucionalidade.

O controle judicial *incidental (ou via de exceção)* de constitucionalidade, como já exposto, integra a tradição e a história constitucional brasileira.

Posteriormente, o *controle concentrado* ou *abstrato*, como veremos, foi paulatina e fortemente se fortalecendo no Brasil, notadamente no Supremo Tribunal Federal.

Hoje não resta a menor dúvida de que, não obstante a permanência jurídica do *controle difuso* em nosso ordenamento jurídico, o *controle abstrato* ou *concentrado* de constitucionalidade, em sua variada e ampla gama de ações e possibilidades abrange, domina e procura solucionar a maior parte dos problemas e questões ligadas à inconstitucionalidade, resolvendo-as naquela via.

A variedade de ações colocadas à disposição dos jurisdicionados não deixa dúvidas que o Supremo Tribunal Federal domina hoje a cena do controle de constitucionalidade no Brasil.

3
A INCONSTITUCIONALIDADE E SEU CONTROLE

Em decorrência do princípio da supremacia judicial, nasce ou reconhece-se a competência dos juízes para desautorizar e desaplicar atos legislativos.[1] Era, na ocasião, um modo de se sobrepor à força do Parlamento, como que associando a supremacia da constituição global à competência judicial.[2]

Durante muito tempo o Brasil, certamente por influência direta da doutrina e prática norte-americana, afirmou que as leis inconstitucionais *são nulas, ou de nenhum efeito,* ou ainda que não são leis.

Consolidou-se durante muito tempo a crença generalizada na *nulidade absoluta* das leis inconstitucionais, no sentido de que estas seriam "inexistentes", ou não seriam nem mesmo leis, ou dizia-se que não passavam de *"leis natimortas",* desprovidas de qualquer efeito jurídico.

1. "O poder e o dever dos tribunais de declarar nulos os atos do Congresso conflitantes com a Constituição" ("Marbury *vs.* Madison"). Sobre o caso "Marbury *vs.* Madison", vide o nosso "El carácter contra mayoritario del Poder Judicial – ¿Una preocupación Norte Americana?", na obra de Pablo Luis Manili (coord.), *Marbury vs. Madison. Reflexiones sobre una Sentencia Bicentenaria,* vol. 46, México, Porrúa-IMDPC, 2011.

2. É de ser lembrado o pronunciamento de Edward Coke na Inglaterra no início do século XVII. No caso Bonham, em 1610, Coke estabeleceu o princípio da supremacia judicial, reconhecendo aos juízes competência para desautorizar e desaplicar atos legislativos. Em 1803, Marshall na Corte Suprema dos EUA firmou em termos definitivos a orientação sobre o tema do controle de constitucionalidade ("Marbury *vs.* Madison"), onde foi declarada, como se sabe, a inconstitucionalidade de uma lei federal; posteriormente no caso "Fletcher *vs.* Peck" (1810) declarou-se a inconstitucionalidade de lei estadual em relação à lei superior.

É que, à ocasião, prevalecia a lição norte-americana clássica segundo a qual toda lei ou ato do Congresso que contrariasse a Constituição seria necessariamente nulo.

É clássica a lição de Willoughby:[3]

> Estritamente falando, a expressão lei inconstitucional é uma *contradictio in adjecto*: se ela é inconstitucional não é lei; se é lei, não é inconstitucional.

Aos poucos porém a doutrina percebeu que uma coisa é *declarar a nulidade, outra, anular.* Como ensinava Castro Nunes,

> declarar nula a lei é simplesmente consignar sua incompossibilidade com a Constituição, lei primária e suprema.

Outra, como ensinava Meirelles Teixeira, é o Tribunal *ignorar, desconhecer a lei inconstitucional,* colocando-a de lado e decidindo o caso como se ela não existisse.

Havia certa confusão entre os planos da *existência, validade e eficácia.*

Aos poucos, contudo, a doutrina de Hans Kelsen foi sendo encampada no Brasil para reconhecer-se que uma norma é sempre válida (vigente) não sendo *nula*, mas podendo ser *anulada*. Haverá, portanto, *vários graus de anulabilidade* da norma, tudo a depender do Direito positivo em análise.

Kelsen com acerto doutrinava que o que se denomina de *nulidade* "é apenas o mais alto grau de anulabilidade".

Hoje se acata amplamente a doutrina europeia, notadamente com origem nas construções doutrinárias e pretorianas advindas especialmente da Alemanha, Itália, Espanha e Portugal para quem *constitucionalidade e inconstitucionalidade designam conceitos de relação:* a relação que se estabelece entre uma coisa – a Constituição – e outra coisa – um comportamento –, que lhe está ou não conforme, que cabe ou não cabe no seu sentido, que tem ou não nela a sua base, conforme Jorge Miranda.[4]

---

3. Westel W. Willoughby, *The Fundamental Concepts of Public Law*, New York, Macmillan, 1931, p. 86.
4. *Manual de Direito Constitucional*, t. VI, 3ª ed., Coimbra, Coimbra Editora, 2008.

Para o renomado professor português, amplamente reconhecido e citado no Brasil, a inconstitucionalidade é essencialmente uma *relação de caráter normativo e valorativo*.

Pela inconstitucionalidade transgride-se uma norma constitucional. Há uma relação de *desconformidade*, e não apenas de *incompatibilidade*, que acarreta *invalidade* e, em sentido amplo, ou ineficácia das normas de Direito Internacional vigentes na ordem interna.

Como se sabe, as características essenciais da sanção de anulabilidade consistem na invalidação posterior da lei inconstitucional, que é somente tolerada como *sic et in quantum* válida até o pronunciamento judicial que lhe reconheça a inconstitucionalidade.

É claro que a validade condicional da lei viciada permitirá a produção de efeitos jurídicos até que sobrevenha o ato de reconhecimento da anulação da lei.

Como veremos mais adiante, o que começou como uma prática jurisprudencial do STF hoje é matéria legal. O STF controla amplamente a partir de que momento considerará a lei ou a norma inconstitucional e quais os seus efeitos.

4
MODALIDADES OU TIPOS DE INCONSTITUCIONALIDADE

Existem, segundo a doutrina, diferentes modalidades ou tipos de inconstitucionalidade. Vejamos as *principais*.

Fala-se em inconstitucionalidade *por ação* ou *por omissão*.

A inconstitucionalidade por ação pressupõe uma conduta positiva do legislador, que não se compatibiliza com os princípios e normas constitucionais. Já a inconstitucionalidade por omissão decorre de uma ausência de norma que é considerada inconstitucional. Decorre do dever de legislar do legislador que, por negligencia ou por qualquer outra razão, deixou o direito constitucional previsto na Constituição sem normatividade. Há uma lacuna inconstitucional.

Fala-se ainda de inconstitucionalidade *formal* e *material*.

Os vícios formais afetam o ato normativo individualmente considerado, sem atingir o seu conteúdo. Referem-se aos pressupostos e procedimentos relativos à formação da lei.

Inclui a realização (feitura) da lei, seu processo legislativo, número de votações, quórum, caráter da votação, revisão da Casa originária ou revisora, competências de iniciativa etc.

O vício material quando a norma é criada – inclusive a emenda constitucional – fere conteúdo da Constituição Federal, seus princípios ou normas.

Haverá inconstitucionalidade material quando houver incompatibilidade entre o conteúdo da lei ou do ato normativo e os preceitos constitucionais.

Já mencionamos, mas repetimos: a inconstitucionalidade poderá ser *total* ou *parcial*. Será parcial quando atinge apenas parte da norma, podendo esta mesma subsistir sem essa parte que, por ofender a Constituição, terá que ser extirpada pela declaração de inconstitucionalidade.

Ocorre muitas vezes que, embora a inconstitucionalidade continue a ser *parcial*, a norma pode subsistir autonomamente sem a parcela agressiva à Constituição. Neste caso é possível por uma técnica de decisão a declaração de inconstitucionalidade parcial *sem redução de texto*, resolvendo-se a questão pela exclusão de uma dada interpretação que se lhe faça ou pela fixação de certa interpretação ao preceito.

Por outro lado, a inconstitucionalidade é *total* quando atinge toda a norma ou mesmo parte dela, mas desde que nesta parte esteja justamente a sua essência, o que acarreta forçosamente o reconhecimento da inconstitucionalidade integral da norma.

5

O CONTROLE CONCENTRADO (ABSTRATO) DE CONSTITUCIONALIDADE E A ADI

No Brasil o mecanismo de controle, até a elaboração da Constituição de 1946, só permitia a arguição de inconstitucionalidade através da provocação em processo normal.

Entretanto, a citada Constituição, em seu art. 7º, VII, contemplou a possibilidade da chamada *ação direta*.

Não é o caso de dissertar sobre a origem desta ação direta. Sabe-se que ela deriva da Constituição de 1934 e do instituto da intervenção federal. Permitia-se, já naquela época, que o Procurador Geral da República submetesse ao Supremo Tribunal Federal a lei federal de intervenção, examinando sua constitucionalidade.

A Constituição de 1946 trouxe a chamada *representação interventiva* com renovada configuração.

A primeira ação direta, formulada pelo Procurador Geral da República, na qual se arguia a inconstitucionalidade de disposições de índole parlamentarista contida na Constituição do Ceará, tomou o número 93.

Mais foi a Emenda Constitucional 16, de 26.11.1965, que instituiu, ao lado da representação interventiva e nos mesmos moldes, o *controle abstrato* de normas estaduais e federais. Consagrou-se assim em 1965 no Brasil o início do modelo de controle abstrato de controle de constitucionalidade sob a forma de representação que era proposta pelo Procurador Geral da República.

O sistema evoluiu bastante de 1965 até hoje como teremos condição de demonstrar.

Do mesmo modo, e na mesma ocasião, a EC 16/1965 introduziu o inc. XIII no art. 124, da Constituição de 1946, concedendo ao legislador a faculdade de declarar a inconstitucionalidade de lei ou ato do Município em conflito com a Constituição do Estado.

Não é o caso de dissertar sobre as alterações havidas no controle de constitucionalidade durante as Constituições de 1967 e 1969, pois em 1988 houve radical mudança neste cenário.

Passemos diretamente a 1988, não sem antes dizer algumas palavras sobre o controle abstrato ou concentrado de constitucionalidade.

6
A JUSTIÇA CONSTITUCIONAL

No mundo contemporâneo, a característica mais marcante do Estado de Direito é sem dúvida a existência de um sistema de controle judicial de conformidade com o direito de todos os atos estatais e, de algum modo, inclusive com alguns atos privados que devem respeito à Constituição.

A noção de Constituição rígida, o princípio de sua supremacia, a garantia de nulidade (ou anulabilidade) dos atos estatais que vulnerem a Constituição e seu espírito, a consagração constitucional dos direitos fundamentais e humanos e a consideração da Constituição como norma de direito positivo diretamente aplicável aos cidadãos são conceitos que não têm tanto tempo se considerarmos a sua verdadeira incorporação nos Estados.

Foi só no final do século XX que, ao menos na América Latina, as Constituições passaram a ser consideradas verdadeiras normas jurídicas dotadas de eficácia e aplicabilidade, e na mesma medida surgiu a necessidade de Tribunais, Cortes ou uma Justiça especializada que cuidasse de sua integral aplicação.

Não é o caso de relatar aqui toda a história constitucional latino-americana.[1] Basta recordar, com Allan Brewer Carías e Kelsen que

> uma constituição sem garantias contra atos inconstitucionais e na qual estes e as leis inconstitucionais permaneçam em vigor, porque não podem ser anulados, não passa de um desejo sem força obrigatória.

---

1. Para isso remetemos o leitor à obra de Allan Brewer-Carías, *Instituciones Políticas y Constitucionales*, t. VI: *Justicia Constitucional*, Caracas, Universidad Católica del Táchira, Editorial Jurídica Venezolana, 1996.

A existência da justiça constitucional é o resultado último da consolidação do Estado de Direito e da Constituição como norma suprema e positiva. Só pode existir uma justiça constitucional verdadeira nos Estados livres onde os juízes tenham independência e garantias para aplicar a constituição e seus valores sem temor.

Não existe um só, mas vários modelos ou sistemas de justiça constitucional, sendo certo que o controle jurisdicional da constitucionalidade pode ser exercido por todos os tribunais de um país determinado, apenas por uma Corte Suprema do país ou por um órgão constitucional especialmente criado para esse fim.

Em geral os Estados adotam modelos "mistos", é dizer, empregam conjuntamente diversas modalidades de controle; os "puros", que utilizam um único sistema, são muito poucos hoje em dia. Temos o controle concreto e incidental nos Estados Unidos da América[2] e nos ordenamentos derivados, e o abstrato e principal na França.

Já em relação aos titulares do controle deve-se ter em conta que a maioria dos países e seus ordenamentos são abertos, é dizer, não se limitam taxativamente aos entes e órgãos do Estado, mas reconhecem a vários protagonistas, incluindo os juízes, as pessoas físicas e jurídicas, o acesso à jurisdição.

Fala-se hoje, em geral, em *acesso direto* e *indireto* e *em controle abstrato* e *concreto*.

O controle abstrato e concreto, já vimos, ocorre quando atua em face da lei genericamente; é abstrato porque independe de qualquer aplicação da regra, não exige um caso concreto.

Já em relação ao controle direto ou indireto, afirma-se que ele é direto quando o sujeito legitimado pode acudir diretamente ao juiz da constitucionalidade/inconstitucionalidade, seja ele especializado (Tribunal, Corte Constitucional ou Suprema), seja um juiz ordinário no controle difuso ou concentrado.

O chamado acesso indireto dá-se quando o problema da constitucionalidade surge em face de um juiz que não pode, sozinho, tomar a

---

2. Sobre o controle nos EUA e Canadá, cf. José Guilherme B. Corrêa Pinto, "O controle concreto de constitucionalidade na Europa e na América do Norte: um estudo comparado", *Revista Direito, Estado e Sociedade*, n. 30, jan.-jun. 2007, pp. 62 a 87.

decisão sobre a inconstitucionalidade apresentada, mas deve remetê-la a um Tribunal especializado.

Assim, em geral, temos em relação à justiça constitucional no mundo: a) acesso direto com controle concreto; b) acesso direto com controle abstrato; e c) acesso indireto com controle concreto.

Os sistemas de acesso direto com controle concreto incluem seja um acesso incidental nos sistemas difusos, seja o recurso individual nos sistemas concentrados.

Osvaldo Gozaíni,[3] monografista do tema, afirma que, levando-se em conta as interpenetrações dos vários "modelos", inclusive do, assim chamado, "sistema europeu" na América, existem hoje Tribunais dotados de sistema:

a) Concentrado: Espanha, Itália, Bélgica, Romênia.

b) Semiconcentrado: Alemanha, Áustria.

c) Desconcentrado: Estados Unidos, Argentina.

A esse tema voltaremos, mais à frente, analisando a realidade brasileira.

Já vimos algumas notas sobre o controle difuso. Nele qualquer juiz pode conhecer de questões constitucionais. Já no controle concentrado de justiça constitucional, a faculdade de controlar a constitucionalidade das leis e demais atos normativos contrários à Constituição é atribuição exclusiva de um órgão do Estado, Tribunal, Corte ou Conselho Constitucional especialmente criado para esse fim.

Falava-se no passado em "sistema austríaco" porque, na Europa, se estabeleceu primeiro esse sistema concentrado na Áustria, em 1920. Depois aludia-se a um "sistema (ou modelo) europeu" para se referir ao poder de controle atribuído a um único Tribunal ou Corte Constitucional.[4]

Hoje a terminologia é criticada. Não mais a doutrina alude a um "sistema europeu" diante da variedade de combinações e técnicas existentes nos diferentes países europeus que adotam o modelo concentrado.

Os Tribunais ou Cortes Constitucionais em geral são órgãos do Estado, com jurisdição em todo o seu território, sendo o intérprete máximo

---

3. *Introducción al Derecho Procesal Constitucional*, Buenos Aires, Rubinzal-Culzoni Editores, 2006.
4. Sobre o tema, remetemos o leitor ao nosso trabalho: "O controle de constitucionalidade: algumas notas e preocupações", publicado na obra *Aspectos Atuais do Controle de Constitucionalidade no Brasil*, Rio de Janeiro, Forense, 2003.

da Constituição. Dá às vezes a primeira e a última palavra sobre o que deva ser a interpretação da Constituição naquele Estado.

Em geral os Tribunais Constitucionais não pertencem ao Poder Judicial, como é o caso da Espanha. Recebem competência diretamente da Constituição, como órgão independente que somente exerce as competências assinaladas e atribuídas diretamente a ele pela Constituição e por uma lei orgânica.

Geralmente são três as funções básicas da justiça constitucional: a) o controle da constitucionalidade das leis e atos normativos; b) a resolução de conflitos territoriais e de competência entre órgãos e tribunais no Estado (administrativos, políticos ou judiciais); e c) a interpretação final a respeito dos direitos e garantias fundamentais da pessoa humana (os chamados direitos fundamentais), ou como querem os franceses, as liberdades públicas.

Ainda não é o caso de descer a minúcias. Cada Estado, como já alertamos contém diferente regulamentação de como realizar esse controle para fazer valer a vontade constitucional.

A Alemanha, cujo Tribunal Constitucional tem sido um exemplo histórico de grande prestígio, exerce um sistema concentrado de controle judicial de constitucionalidade, particularmente das leis federais e as dos *Länder* (Estados federados), criado com o fim de proteger o legislador contra o Poder Judicial ordinário.

Sua criação não eliminou totalmente o controle difuso, o qual é exercido por todos os Tribunais, mas em relação à legislação anterior a promulgação da Constituição e aos regulamentos administrativos.

Finalmente observe-se que devido ao caráter federal do sistema alemão, a Constituição federal não reservou o monopólio absoluto do sistema concentrado de controle judicial de constitucionalidade ao Tribunal Constitucional Federal e, de maneira geral, previu que cada *Land* (Estado) possua sua própria Corte Constitucional encarregada de controlar as violações de sua Constituição e de resolver os conflitos de ordem constitucional nesse nível.

Os limites das funções exercidas pelos Tribunais e Cortes Constitucionais se encontram naturalmente direta ou indiretamente postos na Constituição dos Estados.

Evidentemente um dos problemas mais agudos enfrentados pela justiça constitucional ao longo dos tempos diz respeito à sua legitimidade e, sobretudo, à questão dos limites e da repercussão que ela (Justiça) tem sobre o fluído exercício de suas funções.

Em geral, as competências constitucionais assinaladas à justiça constitucional obrigam-na a intervir no exercício das funções constitucionais dos demais órgãos. Mas tal intervenção faz-se mediante a interpretação e aplicação da Constituição e não com o intuito de abusar ou violar competência alheia.[5]

É evidente que toda relevante atribuição de interpretar a Constituição em única e última instância traz o risco inerente de conflito com vários órgãos e braços do poder, como o Executivo, e, sobretudo e mais comumente, o Legislativo, no caso brasileiro; e no caso da Europa, em seus órgãos congêneres ou similares, como as Cortes Gerais (na Espanha), o Governo, as Comunidades Autônomas etc.

Em relação à legitimidade dos Tribunais Constitucionais, afirma-se que procedem de dupla fonte. De uma parte, sua tarefa principal consiste na defesa da Constituição, entendida como o conteúdo da decisão soberana de um constituinte democrático; é dizer, impõe o valor superior da Constituição a todos os órgãos do Estado e, eventualmente, aos particulares.

Por outro lado, sobretudo nos países europeus, a legitimidade dos Tribunais Constitucionais em relação ao tema da seleção de seus membros assenta-se em uma legitimidade democrática direta ou indireta, já que seus membros são escolhidos, ou indicados, ou mesmo aprovados pelos órgãos da representação política, Congresso (Parlamento), ou Governo, havendo aí uma sorte de conexão remota que seja da justiça constitucional com a vontade dos cidadãos.[6]

5. Para uma visão abrangente da jurisdição constitucional em uma perspectiva comparada, vide o trabalho de Tania Groppi, "Titularidad y legitimación ante la jurisdicción constitucional. Una perspectiva comparada", na obra *Diritto Processuale Costituzionale, Omaggio Italiano a Héctor Fix-Zamudio per i suoi 50 anni di Ricercatore di Diritto*, organizada por Luca Mezzetti e Eduardo Ferrer Mac-Gregor, Padova, Cedam, 2010.
6. No Brasil, como se sabe, adota-se um sistema mais influenciado pelo norte-americano nesse aspecto. Os seus Ministros são indicados pelo Presidente da República e sabatinados – aprovados – pelo Senado, desde que tenham notável saber jurídico e reputação ilibada, além do requisito de idade (35 anos). Vide art. 101 da CF/1988. Sobre o tema, consulte-se "Supremo Tribunal Federal: o processo de nomeação dos Ministros", de Marcelo Figueiredo e Adilson Dallari, publicado no site do Migalhas em 23.2.2013 (www.migalhas.com.br/dePeso/16,MI172816,71043-su

Ao menos é essa a presunção doutrinária.

Por fim, uma advertência sobre a multiplicidade dos Tribunais no mundo e suas diferentes jurisdições.

Faz muito tempo, como se sabe, que os direitos fundamentais das pessoas somente podem ser reconhecidos e aplicados em uma única Justiça ou Tribunal, mesmo em um único país.

É dizer, os direitos fundamentais das pessoas pertencem *apenas* ao âmbito interno dos Estados e ao direito constitucional de cada um deles.

A Declaração Universal dos Direitos Humanos abriu um caminho – juntamente com inúmeros outros instrumentos internacionais, para contemplar vários direitos humanos e fundamentais da pessoa humana. Tais direitos são oponíveis como se sabe, inclusive em face dos Estados.

Assim, é natural em um primeiro momento serem os Estados os garantes dos direitos fundamentais. A eles compete assegurar sua efetividade e salvaguarda.

Paralelamente recorde-se que o fenômeno da internacionalização dos direitos é uma realidade.

O chamado Direito Internacional dos Direitos Humanos (ou fundamentais) presente na órbita regional e internacional ingressa nos Estados seja por meio de suas Constituições, seja por intermédio dos Tratados Internacionais, e acaba influenciando e configurando o próprio regime constitucional interno de cada Estado, de modo a produzir um novo direito constitucional mais globalizado e criar *standards* comuns a todos os Estados em matéria de direitos humanos.

Registre-se, por exemplo, o notável trabalho, no sistema europeu de proteção dos direitos humanos, do Tribunal Europeu de Direitos Humanos e em nossa região a Corte Interamericana de Direitos Humanos.

Em ambos os casos, o indivíduo poderá controlar e processar qualquer Estado para salvaguardar os direitos e liberdades em face de eventuais abusos ou danos causados a seus direitos diante de atos omissivos ou comissivos praticados pelos Estados que evidentemente integram tais sistemas.

premo+Tribunal+Federal+o+processo+de+nomeacao+dos+ministros); sobre "A magistratura e o Supremo Tribunal Federal no sistema constitucional brasileiro", vide Marcelo Figueiredo na obra *Estatuto Jurídico del Juez Constitucional en América Latina y Europa*, vol. 1, livro em homenagem a Jorge Carpizo (México, UNAM, 2013).

Não abordaremos *exaustivamente* essa importante faceta do controle que já ultrapassa os limites de nosso trabalho.[7] É absolutamente certo que o Estado constitucional contemporâneo só pode ser entendido como um Estado situado internacionalmente e, portanto, limitado também nessa perspectiva.

Ainda não chegamos ao "estágio" europeu onde o Tribunal Europeu de Direitos Humanos limita aos Estados da União Europeia o exercício de suas competências.

Em outras palavras, existem contrapesos externos hoje que limitam a atuação no espaço europeu dos Estados que voluntariamente aderiram a vários instrumentos internacionais e comunitários, como por exemplo, a Carta de Direitos Fundamentais da União Europeia, o Convênio Europeu de Direitos Humanos e outros instrumentos.

Assim, a jurisdição internacional é hoje uma realidade forte em várias partes. O juiz comunitário no espaço europeu, como sabemos, se inspira nas tradições constitucionais comuns dos Estados membros e nos instrumentos internacionais relativos à proteção dos direitos humanos para proteger os cidadãos dos países integrantes da União Europeia.

Os Estados membros da União Europeia hoje, quando aplicam às normas comunitárias o direito comunitário, têm obrigação de interpretar o direito nacional de acordo com o direito comunitário por intermédio da questão prejudicial.

Por sua vez na América Latina a situação é diversa, embora seja já possível reconhecer, não um espaço ou um direito comunitário, mas um direito de integração.[8]

De todo modo apenas o registro, para que o leitor (sobretudo o estudante) não fique com a impressão de que o direito constitucional contemporâneo cinge-se às normas jurídicas produzidas internamente.

Hoje, diferentemente do século passado, as normas produzidas na esfera regional ou internacional são tão ou mais importantes (não nos referimos ao tema hierárquico ou formal, mas pragmático) ao direito nacional e condicionam no mundo o conhecimento, a vigência e a interpretação do direito nacional.[9]

7. Veremos mais adiante o papel da Comissão Interamericana de Direitos Humanos-CIDH e sua relação com o STF em um sentido amplo.
8. Sobre o acesso a CIDH, vide comentários mais adiante.
9. Para aprofundar essa temática, remetemos o leitor para o nosso texto: "América Latina y la defensa de los derechos humanos las Constituciones y el derecho

As mais novas conquistas dos direitos humanos não somente obrigam continuamente os Estado a ajustar o seu direito nacional, mas também o direito constitucional.

internacional de los derechos humanos en la región", obra organizada por Luca Mezzetti e Calogero Pizzolo, *Diritto Costituzionale Transnazionale, Atti del Seminario Internazionale di Studi*, Bologna, Filodiritto Editora, março 2012.

A CONSTITUIÇÃO DE 1988 E A JUSTIÇA CONSTITUCIONAL

Com a Constituição de 1988, o sistema brasileiro, que combina os modelos difuso-incidental com o concentrado-principal de fiscalização da constitucionalidade, foi aperfeiçoado.

Com efeito, (a) ampliou-se a legitimação ativa para a propositura da ação direta de inconstitucionalidade, a antiga representação a que já fizemos alusão e a ação declaratória de constitucionalidade de lei ou ato normativo federal; (b) admitiu-se a instituição, pelos Estados-membros, de ação direta para declaração de inconstitucionalidade de ato normativo estadual ou municipal em face da Constituição Estadual; (c) instituiu--se a ação direta de inconstitucionalidade por omissão e o mandado de injunção; (d) exigiu-se, ademais, a manifestação do Procurador Geral da República em todas as ações de inconstitucionalidade, bem como nos demais processos de competência do Supremo Tribunal Federal; (e) exigiu-se a citação do Advogado-Geral da União que, nas ações diretas, deverá defender, na qualidade de verdadeiro curador, o ato impugnado; (f) deixou-se de se atribuir ao STF competência para julgar representação para fins de interpretação, instrumento criado pela EC 7/1977 e suprimido pela CF/1988; (g) previu-se a criação de um mecanismo de arguição de descumprimento de preceito fundamental decorrente da Constituição; (h) alterou-se o recurso extraordinário, que passou a ter feição unicamente constitucional.

Nesse ponto é importante recordar que o reconhecimento da repercussão geral é condição para que o Supremo Tribunal Federal acolha e exerça plenamente o controle difuso de constitucionalidade nos dias atuais.

Muitas páginas têm sido escritas sobre a matéria.[1] Concordamos com Eduardo Talamini.[2]

O autor aponta que a repercussão geral pode se referir à relevância do resultado do julgamento ou à relevância transcendental da matéria discutida como premissa para o provimento jurisdicional do STF, ou seja, pode-se falar em "uma repercussão concreta e uma repercussão ideal". A primeira se relaciona com a relevância do comando decisório em relação às partes. Por outro lado, a repercussão ideal está presente se a matéria discutida for em si mesma relevante. Mas, qualquer das duas hipóteses, quando configurada, basta para o cumprimento do pressuposto em exame. Não precisam cumular-se.[3]

O objetivo da repercussão é exatamente o de esgotar a cognição da Corte Constitucional acerca da matéria em recursos com fundamentos em idêntica controvérsia, possibilitando inclusive, nestes casos, a inadmissão de recurso.

Sem dúvida a finalidade do instituto foi conferir maior efetividade à atuação do Supremo Tribunal Federal como Corte Constitucional.

Isso faz com que, inclusive, seja possível que a jurisdição se encerre antes de chegar ao Supremo. Imaginemos que os recursos sejam barrados na origem, com o fundamento de que estão prejudicados, pois o STF já decidiu idêntica controvérsia em desfavor do recorrente.

Nesse sentido, recorde-se que na Reclamação 12.600-SP-AgR (rel. Min. Ricardo Lewandowski, Tribunal Pleno, j. 7.12.2011), decidiu-se que o agravo do art. 544 [*do CPC/1973*] dirigido ao STF, bem como a reclamação constitucional ajuizada originalmente no STF, não seria o meio adequado para a parte questionar decisão do Tribunal *a quo* mediante a qual se julga prejudicado recurso da competência do STF.

1. Dentre outras obras, vide Luiz Fux, Alexandre Freire e Bruno Dantas (coords.), *Repercussão Geral da Questão Constitucional*, Rio de Janeiro, Forense, 2014; e Horival Marques de Freitas Júnior, *Repercussão Geral das Questões Constitucionais – Sua Aplicação pelo STF*, São Paulo, Malheiros Editores, 2015.

2. *Apud* Horival, Marques de Freitas Júnior, *Repercussão Geral das Questões Constitucionais...*, cit., p. 137.

3. A Lei 11.418/2006 estabeleceu que caberá ao STF verificar, em sede de repercussão geral, se as questões constitucionais debatidas no recurso extraordinário podem ser consideradas relevantes "do ponto de vista econômico, político, social ou jurídico" (art. 543-A, § 1º, do CPC/1973; art. 1.035, § 1º, do CPC/2015). A relevância deve se relacionar com a importância dos temas discutidos no recurso para a sociedade, ainda que indiretamente, e não somente para as partes envolvidas no litígio.

É dizer, é preciso que a parte esgote integralmente os exaustivos caminhos processuais em primeira e segunda instâncias para, só então, após o despacho denegatório do recurso extraordinário, verifique-se e compare-se a tese sustentada no acórdão e a linha de decisão do STF.

Em outras palavras exige-se que a parte tenha no tribunal de origem (estadual ou federal) decisão fundamentada no art. 1.036, e seus parágrafos do CPC/2015, para falar-se em conhecimento possível da repercussão geral.

É preciso ainda que haja o julgamento do mérito da controvérsia para haver a possibilidade de recurso extraordinário e repercussão geral que possibilite a futura subida ao STF. Também não há falar em possibilidade de reclamação[4] (infelizmente) sem passar por mais essas exaustivas etapas perante o Tribunal *a quo*.

---

4. "Há necessidade de aderência estrita do objeto do ato reclamado ao conteúdo da decisão paradigmática do STF para conhecimento da reclamação constitucional, tendo em vista o caráter estrito da competência do STF no conhecimento da reclamação" (Rcl 11463-DF-AgR, rel. Dias Toffoli, j. 13.2.2015).

8
A NATUREZA
E A FINALIDADE DA AÇÃO DIRETA

A ação direta de inconstitucionalidade é, como vimos, um mecanismo especial de provocação da jurisdição constitucional concentrada. Tem por objetivo a defesa da Constituição. Não a defesa de um interesse ou direito subjetivo. Por isso, consiste em instrumento de fiscalização abstrata de normas, inaugurando *processo objetivo* de defesa da Constituição.

Não há, repetimos, lide ou partes – salvo em um sentido meramente formal – pois não há interesses contrapostos em jogo.

O controle abstrato de constitucionalidade diz-se *concentrado*, na medida em que apenas o Supremo Tribunal Federal dispõe de competência, quanto aos atos normativos federais e estaduais, e em face da Constituição Federal, para processar e julgar a ação direta de inconstitucionalidade; *principal,* na medida em que é suscitada por meio de uma ação autônoma, que visa a verificar, em tese, a validade do ato normativo; e *objetivo*, como já vimos, porque, como diz Jorge Miranda,

> à margem de tal ou qual interesse, tem em vista a preservação ou a reconstituição da constitucionalidade objetiva, quando o que avulta é a constante conformidade ou procura de conformidade dos comportamentos, dos atos e das normas com as regras constitucionais.[1]

O controle concentrado ou principal tem por objetivo afastar a lei ou norma inconstitucional. Sua principal preocupação é com o regular funcionamento da ordem jurídica e com a defesa global da Constituição.

---

1. *Manual de Direito Constitucional*, t. VI, 3ª ed., Coimbra, Coimbra Editora, 2008, p. 313.

Os legitimados, desse modo, defendem o interesse coletivo traduzido na preservação do ordenamento constitucional.

Nesse tipo de controle, a inconstitucionalidade ou constitucionalidade da lei ou do ato normativo impugnado é o próprio pedido na ação direta, é a questão principal do processo.

No Brasil a ação direta é exercida essencialmente no Supremo Tribunal Federal (art. 102, I, "a", da CF), nos Tribunais de Justiça e no Tribunal do Distrito Federal (art. 125, § 2º, da CF).

A diferença está em que no Supremo Tribunal Federal, na via direta, o paradigma de controle é a Constituição Federal, enquanto que nos Tribunais de Justiça dos Estados-membros, será a Constituição do Estado (estadual) e no Distrito Federal a Lei Orgânica daquela unidade.

O controle principal ou abstrato é exercitável apenas mediante a chamada *ação direta de inconstitucionalidade*, normalmente designada pela sigla ADI, e também pela *ação declaratória de constitucionalidade*, designada pela sigla ADC, pela *ação direta de inconstitucionalidade interventiva* (art. 36, III, d CF) e, finalmente, *pela arguição de descumprimento de preceito fundamental* (ADPF).

Como se trata de um controle concentrado, abstrato, ele tem regras específicas, pois confere apenas aos legitimados expressamente contemplados e previstos na Constituição Federal o direito de bater às portas do Supremo Tribunal Federal para exercer tal controle.

O art. 103 da CF é claro ao prever quem são os legitimados para esse controle concentrado. O Conselho Federal da Ordem dos Advogados do Brasil, o Presidente da República, o Procurador Geral da República, Partido Político com representação no Congresso Nacional, a Mesa do Senado Federal e da Câmara dos Deputados, a Mesa da Assembleia Legislativa e da Câmara Legislativa do Distrito Federal, os Governadores dos Estados e do Distrito Federal e Confederação Sindical ou Entidade de Classe de âmbito nacional.

O objetivo central do controle concentrado é o de expungir a norma tida por inconstitucional do ordenamento jurídico com eficácia *erga omnes*.

O Supremo Tribunal Federal, no exercício de sua competência, não poderá criar nova regra legal. Essa tarefa incumbe exclusivamente ao legislador nacional ou estadual. O que poderá e deverá fazer é, nos limites de sua competência e interpretando amplamente a Constituição, suprimir no todo ou em parte a norma tida como inconstitucional.

Por isso costuma-se dizer que não cabe à justiça constitucional transformar-se em *legislador positivo*. Ao exercer o controle de constitucionalidade o Supremo Tribunal Federal anula ou reconhece a invalidade (nulidade) da norma impugnada, suspendendo seus efeitos (provisoria), mediante medida cautelar ou liminar, ou mediante provimento definitivo, o que fatalmente expungirá a norma do sistema, mas não colocará outra em seu lugar.

Poderá, como veremos mais adiante, utilizar-se de várias *técnicas* de interpretação, mas nenhuma delas terá o condão de criar normatividade *ex novo*, originalmente, função exclusiva do legislador e do Parlamento brasileiro (Congresso Nacional).

É verdade que em casos sensíveis e *difíceis*, poderá haver no exercício da interpretação constitucional, pelo Supremo Tribunal Federal, certo atrito entre os poderes da República.

Determinadas leituras ou releituras da Constituição,[2] a título de interpretação constitucional, podem aparentar aos demais Poderes a existência de "invasão" de suas competências, de seus poderes e atribuições.

É preciso redobrado cuidado para que a justiça constitucional não desborde de suas magnas funções, tendo sempre presente a ideia de que as opções políticas cabem, nas democracias, ao legislador e que é tênue a fronteira entre os efeitos jurídicos da interpretação constitucional e a criação original do direito pelo legislador.

É dizer, ainda, que não é muito útil uma divisão ortodoxa (*summa divisio*), conservadora e rígida entre a figura do legislador *positivo* e *negativo* (na linguagem kelseniana) diante das amplíssimas atribuições da justiça constitucional em todo o mundo; não é recomendável que a mesma esqueça que tem um papel essencialmente *corretivo* e, em casos determinados, também propositivo (sobretudo em casos de omissão do legisla-

---

2. Com o passar do tempo é natural que a justiça constitucional faça atualizações jurisprudenciais das normas constitucionais segundo a evolução social e cultural. O fenômeno é mais perceptível e agudo sobretudo em países com constituições antigas forjadas em outros tempos, como é o caso do EUA, com uma constituição extremamente sintética, deixando à Suprema Corte norte-americana uma amplíssima margem de manobra para "criar" o direito constitucional e sua interpretação.

dor), mas não é recomendável igualmente que a pretexto de interpretar a Constituição ela possa criar interpretações e leituras da norma interpretada que na prática inviabilizem, direta ou indiretamente, o espaço e o papel importante que detém nos Estados de Direito o legislador democrático.

9
OBJETO DA AÇÃO

Afirma-se genericamente que todos os atos normativos e leis contrárias à Constituição podem ser contrastados por intermédio da ação direta. A afirmação não é exata ou deve ao menos ser matizada. Só podem ser objeto das ações diretas *leis e atos normativos federais ou estaduais posteriores à Constituição de 1988.*

É ainda preciso que as normas objeto de impugnação sejam dotadas de *abstração* e *generalidade*. Os atos concretos, atos administrativos, não podem ser objeto de ações diretas no Supremo Tribunal Federal.

É verdade que essa tendência tem sofrido alguma modificação, mas não a ponto de mudar a orientação firmada. Colhe-se, por exemplo, a ADI-MC 4.048-DF (rel. Min. Gilmar Mendes, j. 14.5.2008). Nela, o STF admitiu ação direta contra lei de efeitos concretos. Discutia-se à ocasião efeitos da lei orçamentária.

Todas as espécies normativas constantes do art. 59 da CF podem ser objeto de ações diretas, bem assim quaisquer atos normativos abstratos que violem a Constituição.

Também os decretos autônomos que violem diretamente a Constituição, os tratados internacionais, o Decreto promulgador dos tratados e mesmo o projeto de Emenda Constitucional podem ser contrastados no Supremo Tribunal Federal no controle concentrado.

Não há restrição, repetimos, para que toda e qualquer espécie normativa seja contrastada na via direta. Lei Complementar, Lei Ordinária, Lei Delegada, Medida Provisória, Decretos Legislativos, Resoluções do Congresso Nacional ou de suas Casas.

Os atos normativos secundários não podem ser levados ao Supremo Tribunal Federal para controle concentrado, salvo se se apresentarem com coeficientes de abstração e generalidade. Mesmo pareceres normativos podem encaixar-se nessa categoria. Basta que materialmente contenham inovação na ordem jurídica com capacidade de friccionar diretamente a Constituição.

10
LEGITIMADOS DA AÇÃO DIRETA

Como já referimos, são legitimados ativos apenas aqueles expressamente contemplados no texto constitucional.

São eles, segundo o art. 103 da CF:

a) o Presidente da República;

b) a Mesa do Senado Federal;

c) a Mesa da Câmara dos Deputados;

d) a Mesa de Assembleia Legislativa ou da Câmara Legislativa do Distrito Federal;

e) o Governador de Estado ou do Distrito Federal;

f) o Procurador-Geral da República;

g) o Conselho Federal da Ordem dos Advogados do Brasil;

h) Partido Político com representação no Congresso Nacional;

i) Confederação Sindical ou entidade de classe de âmbito nacional.

A rigor, como a Constituição não estabeleceu nenhuma restrição aos legitimados constantes do art. 103, não haveria como, em princípio, opor-lhes restrições à impugnação de norma ou lei inconstitucional.

Entretanto não foi isso que ocorreu na *praxis*. O Supremo Tribunal Federal construiu entendimento diverso, criando a figura dos legitimados ativos *universais*, de um lado, e dos legitimados *especiais*, de outro, associando a eles o tema da *pertinência temática* que acaba por restringir ou, se quisermos, filtrar a possibilidade dos legitimados agirem naquela Corte.

Fazemos coro a todos que veem na pertinência temática uma restrição inconstitucional sem justificativa expressa ou implícita no texto da Constituição.

Não havendo nada na Constituição que leve a essa leitura de seu texto, não haveria como admiti-la sem grave ofensa à superioridade dela mesma. E nem se argumente que a lei ordinária poderia trazer tais restrições.

Não poderia. Aliás, a Lei 9.868, de 10.11.1999, que cuida do processo e julgamento da ação direta de inconstitucionalidade no STF, embora nada diga em seu art. 2º, alterou a Lei 8.185/1991 (hoje, Lei 11.697/2008, mantendo os mesmos termos),[1] trilhando, assim também em relação ao Distrito Federal, o caminho da inconstitucionalidade.

Os legitimados universais são o Presidente da República, o Procurador-Geral da República, as Mesas do Senado Federal e da Câmara dos Deputados, os partidos políticos com representação no Congresso Nacional e o Conselho Federal da Ordem dos Advogados do Brasil.

O requisito da pertinência temática foi erigido à condição de pressuposto qualificador da própria legitimidade ativa para efeito de instauração do processo objetivo de fiscalização concentrada.

A relação de pertinência assemelha-se muito ao estabelecimento de uma condição da ação análoga, talvez, ao interesse de agir que não decorre dos termos expressos da Constituição e é estranha à natureza do processo de controle de constitucionalidade das normas no Brasil, mas aí está até que se altere o entendimento atual do STF por sua composição.

A pertinência temática em última análise, na visão do STF, dá-se a partir da *relação de congruência* que se exige e deve existir entre os objetivos estatutários ou as finalidades institucionais dos autores da ADI e o conteúdo material da norma questionada.

A legitimidade ativa de confederações sindicais, entidades de classe de âmbito nacional, Mesas das Assembleias Legislativas e Governadores, para a ação direta de inconstitucionalidade vincula-se ao objeto da ação, pelo que deve haver a pertinência temática da norma impugnada com os objetivos do autor da ADI.

---

1. Lei 9.868/1999: "Art. 30. O art. 8º da Lei 8.185, de 14 de maio de 1991, passa a vigorar acrescido dos seguintes dispositivos: (...) § 3º. São partes legítimas para propor a ação direta de inconstitucionalidade: I – o Governador do Distrito Federal; II – a Mesa da Câmara Legislativa; III – o Procurador-Geral de Justiça; IV – a Ordem dos Advogados do Brasil, seção do Distrito Federal; V – as entidades sindicais ou de classe, de atuação no Distrito Federal, demonstrando que a pretensão por elas deduzida guarda relação de *pertinência* direta com os seus objetivos instituções.

É dizer, quanto aos legitimados especiais, Governadores de Estado e Mesas das Assembleias Estaduais, Confederação sindical ou entidade de classe de âmbito nacional, há restrições para a propositura da ação direta. O STF só admite a ação direta por parte desses entes, se a lei impugnada disser respeito, de algum modo, às respectivas unidades federadas; e por parte das confederações e entidades de classe, se a norma em causa ferir os interesses dos respectivos filiados ou associados.

Enquanto os legitimados universais podem impugnar qualquer norma, independentemente do seu conteúdo material, os legitimados especiais têm que demonstrar o nexo de congruência entre o seu pedido e suas atribuições e funções institucionais.

Vamos a alguns exemplos do entendimento adotado pelo Supremo Tribunal Federal.

Imaginemos que o Governador de São Paulo deseje impugnar uma lei que afete vários Estados-membros da federação brasileira, deverá para tanto demonstrar a pertinência temática, a repercussão do ato, considerados os interesses de seu Estado, em que medida estaria afetada pela norma impugnada.

Já em relação aos partidos políticos há algumas observações a fazer. No início da aplicação da Constituição de 1988, o Supremo Tribunal Federal considerava-os como legitimados especiais. Com o tempo, entretanto, felizmente esse entendimento se alterou.

Hoje podem, no controle abstrato e concentrado, arguir a inconstitucionalidade de atos normativos federais, estaduais ou distritais, independentemente de seu conteúdo material.

Sempre fomos críticos da jurisprudência anterior do STF que limitava por demais a atuação dos partidos políticos perante aquele Tribunal. Entendíamos que os partidos políticos representam em larga medida a sociedade e não poderiam estar manietados por esse entendimento (anterior) segundo o qual somente os seus filiados poderiam recorrer ao STF para defender ou pugnar por seus direitos.

Realmente essa antiga interpretação era, além de muito limitada, dissonante com a própria natureza e objetivo dos partidos, que é defender a democracia e os direitos difusos da sociedade por intermédio da representação política e dos próprios partidos.

De outra parte, o STF também tem entendido que para ajuizar ação direta de inconstitucionalidade devem estar representados por seu Diretório Nacional, ainda que o ato impugnado tenha sua amplitude normativa limitada ao Estado ou Município do qual se originou.

Por fim, em relação ao conceito de "entidades de classe" (inciso IX *in fine* do art. 103), o Supremo Tribunal Federal retomou o entendimento de que "*associação de associações*" de âmbito nacional possui legitimidade para propor ação direta de inconstitucionalidade (ADI 3.153-AgR, DF, rel. para Acórdão Min. Sepúlveda Pertence, j. 12.8.2004).

Entendeu o Supremo que a entidade de classe de âmbito nacional pode ser a "associação de associações de classe".

Tal como nos partidos políticos, aqui também há uma casuística que deve ser lembrada. Vejamos algumas ementas interessantes na matéria:

> A Associação Nacional dos Magistrados (ANAMAGES) não tem legitimidade para propor ação direta de inconstitucionalidade contra norma de interesse de toda a magistratura. É legítima, todavia, para a propositura de ação direta contra norma de interesse da magistratura de determinado Estado-membro da Federação (ADI 4.462-MC, rel. Min. Cármem Lúcia, j. 29.6.2011).

> Carece de legitimidade para propor ação direta de inconstitucionalidade, a entidade de classe que, embora de âmbito estatutário nacional, não tenha representação em, pelo menos, nove Estados da federação, nem represente toda a categoria profissional, cujos interesses pretendam tutelar (ADI 3.617-AgR, rel. Min. Cézar Peluso, j. 2.5.2011).

> A Associação dos Delegados de Polícia do Brasil tem legitimidade para a propositura da ação direta, pois constitui entidade de classe de âmbito nacional, congregadora de "todos os delegados de polícia de carreira do país, para defesa de suas prerrogativas, direitos e interesses" (inciso IX do art. 103 da CF) (ADI 3.288, rel. Min. Carlos Britto, j. 13.10.2010).

11
O PROCEDIMENTO DA LEI 9.868/1999:
O PEDIDO

A Lei 9.868/1999 afirma, em seu art. 3º, que a petição da ação direta de inconstitucionalidade deverá indicar o *dispositivo* de lei ou ato normativo impugnado e os *fundamentos jurídicos* do pedido em relação a cada uma das impugnações, e o *pedido*, com suas especificações.[1]

Na ação direta de inconstitucionalidade é importante a indicação precisa do artigo ou dispositivo legal ou normativo impugnado, pois o Tribunal irá, seja cautelarmente ou ao final da ação, reconhecer a inconstitucionalidade de toda a lei ou da norma ou de parte dela em princípio na forma do pedido.

Forçosamente terá que afastar ou reconhecer algum dispositivo constitucional ou inconstitucional. Por isso a indicação precisa de quais dispositivos o autor reputa inconstitucional é necessária.

Recorde-se que sobre o tema, temos o seguinte pronunciamento do STF, no *controle difuso* de constitucionalidade:

> Agravo Regimental. Falta de indicação do dispositivo constitucional tido por violado. Não se conhece de recurso extraordinário no qual não se aponta o dispositivo constitucional tido por violado. Agravo regimental a que se nega provimento (AI 603.864-SP-AgR, 2ª T., rel. Min. Joaquim Barbosa, *DJe* 16.2.2007).

A Lei exige que o autor da inconstitucionalidade articule os *fundamentos jurídicos* do pedido em relação a cada uma das impugnações oferecidas.

---

1. A matéria do processamento da declaração de inconstitucionalidade e da interpretação da lei no STF encontra-se em seu Regimento Interno nos arts. 169 a 187.

É lição tradicional de processo que

o pedido deve decorrer do fato e do fundamento jurídico, e, deve ser formulado de maneira clara e precisa, pois sobre ele é que incidirá a decisão a ser prolatada.

Os limites da lide serão definidos pelo pedido, que possui caráter imediato (quando o autor pede a providência judicial) e mediato (quando o autor obtém a proteção ao direito material pretendido), conforme acima exposto, sendo que o caráter imediato tem conteúdo processual e o mediato conteúdo de direito material.[2]

No caso da inconstitucionalidade, embora haja a previsão expressa da lei para que o autor da ação indique os dispositivos de lei ou do ato normativo impugnado e também os fundamentos jurídicos do pedido, é preciso ponderar que, como não estamos diante de uma demanda tradicional, de uma lide no sentido processual, mas de um processo objetivo, entendemos que o Supremo Tribunal Federal não estará adstrito ao pedido do autor ou ao fundamento por ele invocado.

É dizer, poderá, se assim entender, reconhecer a inconstitucionalidade, identificando-a com o pedido do autor e com a inicial, ou, ao contrário, reconhecendo outro dispositivo como constitucional ou mesmo oferecendo fundamentos diversos dos alegados pelo legitimado ativo.

E isso deve ser de tal modo porque o processo de controle da constitucionalidade deve atender à máxima eficácia da Constituição, dando concreção ao princípio de sua superioridade.

Assim, da análise ampla da inconstitucionalidade pode o Tribunal considerar o dispositivo impugnado inconstitucional, constitucional ou mesmo dar fundamentação jurídica diversa da oferecida pelo autor da ação.

Recorde-se, ademais, o teor da antiga Súmula 284 do STF:

> Súmula 284 – 13.12.1963 – Súmula da Jurisprudência Predominante do Supremo Tribunal Federal – ***Recurso Extraordinário*** – Admissibilidade – Deficiência na Fundamentação – Compreensão da Controvérsia.
>
> É inadmissível o recurso extraordinário, quando a deficiência na sua fundamentação não permitir a exata compreensão da controvérsia.

2. V. Greco Filho, *Direito Processual Civil Brasileiro*, vol. 2, 18ª ed., São Paulo, Saraiva, 2007.

O parágrafo único do art. 3º da Lei 9.868/1999 ainda contempla regra assim redigida:

> A petição inicial, acompanhada de instrumento de procuração, quando subscrita por advogado, será apresentada em duas vias, devendo conter cópias da lei ou do ato normativo impugnado e dos documentos necessários para comprovar a impugnação.

O mandato, quando exigível, é necessário para o exercício da advocacia. Evidentemente na ação direta de inconstitucionalidade não é diferente. É preciso a parte requerente apresentar, com a inicial, o instrumento de mandato com poderes específicos para atacar a norma impugnada.

Por outro lado, quando estivermos diante de representação processual do governador do Estado, no processo de controle concentrado e abstrato, ainda que seja possível e desejável a atuação de advogado, é possível que o procurador de estado atue e, neste caso, torna-se dispensável a juntada de instrumento de mandato. Nesse sentido há precedente no STF (ADI 2.728-ED, rel. Min. Marco Aurélio, j. 19.10.2006).

Ou mesmo

> descabe confundir a legitimidade para a propositura da ação direta de inconstitucionalidade com a capacidade postulatória. Quanto ao governador do Estado, cuja assinatura é dispensável na inicial, tem-na o procurador-geral do Estado (ADI 2.906-RJ, rel. Min. Marco Aurélio, j. 1.6.2001).

Ainda importante referir, para discordar, da decisão majoritária tomada pelo STF nos embargos de declaração na Ação Rescisória 2.156 no STF. À ocasião decidiu a Corte que deve o autor juntar nova procuração em caso de *ação rescisória*.

Discordamos da ilustrada maioria.

Não nos convencemos com os argumentos dos juízes da tese vencedora que essencialmente são os seguintes: 1. Não custa nada juntar uma nova procuração; o contrato de mandato estaria exaurido e a ação rescisória é uma nova ação (Min. Cézar Peluso); 2. A parte pode não querer o mesmo advogado (Min. Cármem Lúcia).

Em sentido oposto (vencido) manifestou-se o Min. Marco Aurélio afirmando que a procuração anterior não foi revogada, era válida, não foi outorgada por prazo determinado e ainda continha poderes amplos com cláusula *ad judicia*.

Não cabe, a nosso juízo, ao Poder Judiciário adentrar na relação cliente advogado que é privativa, privada e de confiança.

O advogado é profissional contratado pela parte. Com o contrato outorga-se a procuração que não tem prazo de validade. Não cabe ao Judiciário estabelecer uma presunção de invalidade onde exista um instrumento jurídico válido, eficaz e operativo que é o mandato.

Assim agindo, acaba por intrometer-se na relação particular entre o advogado constituído e seu cliente, pouco importando se é órgão público ou entidade particular quem constituiu o profissional contratado.

Aliás, o argumento levantado pelo Min. Cézar Peluso, segundo o qual "não custa nada ao advogado juntar nova procuração", é não só falso como preconceituoso, pois inverte a presunção de boa-fé que deve prevalecer entre os contratantes. Lança suspeita na relação entre cliente e advogado e ainda hostiliza a contratação, pois obriga ao advogado contratado a desgastar-se sem motivos para entrar em contato com seu cliente e, eventualmente "confirmar" seu mandato o que leva a uma situação constrangedora, antiética e ademais totalmente desnecessária.

Finalmente o argumento do Min. Toffoli, no sentido de exigir nova procuração porque a anterior foi outorgada há 15 anos, também não tem sentido.

Em primeiro lugar porque não há prazo de validade para mandato no direito pátrio. É infelizmente natural no Brasil que causas se eternizem décadas no Judiciário, não sendo raro encontrarmos causas há 10, 20 ou até 30 anos aguardando o trânsito em julgado.

Exigir-se nova procuração em função do tempo decorrido do mandato parece totalmente sem sentido.

O argumento segundo o qual, naquele caso, o cliente outorgante havia falecido também não socorre a decisão.

A morte é fenômeno natural que pode ocorrer no dia seguinte à outorga do mandato. O tempo de uma procuração na verdade é totalmente irrelevante para o Judiciário que deveria ater-se a questões de ordem material e ao pleno atendimento ao princípio do oferecimento efetivo da tutela jurisdicional.

Não é problema do Judiciário *como* o cliente sente-se em relação a seu advogado constituído. Se contente ou descontente, feliz ou infeliz.

Aliás, lamentavelmente esse hábito de se exigir novos documentos ou atos sem qualquer *previsão legislativa* tem aumentado no Brasil, o que somente revela uma mentalidade provinciana e cartorial[3] que só protege o Estado autoritário e que remonta à época colonial e suas antiquadas instituições.

O Judiciário deve desapegar-se e compreender que sua função constitucional não é ser fiscal dos interesses governamentais (defendendo posturas estatais) ou intrometer-se em relações estritamente privadas. O Judiciário não é agência ou corporação profissional para intrometer-se nesta relação jurídica que é estritamente personalíssima entre o cliente e o seu advogado constituído.[4]

Já o art. 4º afirma que a petição inicial inepta, não fundamentada, e a manifestamente improcedente serão liminarmente indeferidas pelo relator.

É dever do legitimado ativo apresentar perante o STF um pedido *minimamente* articulado e compreensivo, sobretudo quando estamos diante de matéria constitucional a exigir toda uma argumentação específica relativa à interpretação constitucional que, como sabemos, é peculiar e dotada de princípios próprios.

De fato uma inicial sem fundamento ou incabível deverá de plano ser julgada extinta sem julgamento do mérito.

Recorde-se que petição inepta, segundo o CPC/2015 (330, § 1º), é aquela em que faltar pedido ou causa de pedir; em que o pedido for indeterminado, ressalvadas as hipóteses legais em que se permite o pe-

---

3. Idêntica exigência tem sido feita por algumas autoridades policiais em fronteiras, sobretudo para saída do país, a exigir do cidadão brasileiro carteira de identidade *recentemente emitida*, bastando considerar como "antiga" ou inválida carteira com mais de cinco anos de emissão, ou simplesmente porque considere a aparência física (pela foto) de seu portador "diferente", modificada pela simples ação da idade (velhice).
4. Aliás, lamentavelmente a mesma postura tem tido o Ministério Público que instaura inquéritos civis públicos para saber o valor dos honorários advocatícios contratados entre os advogados e seus clientes. Também incompreensível essa conduta. Salvo casos de contratação *fraudulenta* para encobrir algum crime, parece-nos ilegal, abusivo o comportamento do MP exigindo saber o valor de honorários contratados, ou até o nome (identificação) da clientela do advogado, seja o cliente o Poder Público seja o particular, salvo evidentemente, repetimos, indícios de crimes ou de contratações com valores notoriamente abusivos em detrimento do interesse público, o que, reconheça-se, é difícil suceder com a contratação de profissionais liberais, ocorrendo a prática de superfaturamento em caso de empresas, como é notório, e não com pessoas físicas.

dido genérico; em que da narração dos fatos não decorrer logicamente a conclusão; e quando contiver pedidos incompatíveis entre si.

Caberá agravo da decisão que indeferir a petição inicial (art. 4º, parágrafo único, da Lei 9.868/1999).

12
AMICUS CURIAE

O tema do *amicus curiae* está intimamente relacionado com as teorias contemporâneas, sobretudo os estudos difundidos por Peter Häberle, conhecido filósofo e jurista alemão.

Para Häberle, os sujeitos da interpretação do texto constitucional não se resumem aos intérpretes oficiais, sobretudo o Judiciário, mas toda a comunidade política estaria apta a apresentar uma proposta de interpretação, de maneira que qualquer cidadão destinatário da norma constitucional possa formular um sentido ao texto constitucional.

Por outro lado, o fenômeno coincide com a mudança da hermenêutica constitucional que postula nova abordagem nos métodos de interpretação constitucional ou, se quisermos, a insuficiência dos métodos tradicionais para conhecer e aplicar o direito constitucional e suas normas.

Assim, dentre outros, surge o método tópico (já não tão novo na Europa), técnica que orienta a solução do problema a partir dele.

O método tópico considera que a norma constitucional possui natureza *alopoiética*, fragmentária e indefinida, de maneira a transformar a atividade interpretativa em um processo aberto de argumentação.

Pretende-se, assim, com esse método tópico-problemático, levar a discussão do tema constitucional entre os intérpretes da constituição a diferentes visões, revelando, em tese, qual seria dentre elas a mais conveniente para solucionar o problema em face das possibilidades extraídas da polissemia do sentido do texto constitucional.

No fundo, o método tópico nada mais é do que um grande exercício dialético a partir de diferentes e multidisciplinares visões do problema, tomando-se por base a Constituição, suas normas e princípios.

O amigo do tribunal (*amicus curiae*) molda-se exatamente na proposta de Häberle e de outros filósofos, com fundamento ou inspiração nessa corrente chamada pelo autor alemão de "sociedade aberta de intérpretes da constituição".

A ideia defendida por essa corrente é de fato bem interessante, pois democratiza o processo de interpretação constitucional na medida em que oferece diferentes visões, estimulando a participação de qualquer cidadão ou entidade que possa contribuir com sua expertise com o processo hermenêutico constitucional.

Na concepção de Häberle havia originalmente a preocupação de dar espaço às minorias evitando as visões homogêneas da maioria parlamentar. Assim, quanto maior a participação de entidades, grupos, associações etc., melhor seria para agregar argumentos e visões diferentes oferecendo à Corte um quadro heterogêneo e plural para o julgamento da matéria constitucional.

Não obstante a vedação legal de intervenção de terceiros, no controle abstrato e concentrado de constitucionalidade, a Lei 9.868/1999 permitiu, em seu art. 7º, § 2º, a participação do *amicus curiae*.

O dispositivo afirma:

> O relator, considerando a relevância da matéria e a representatividade dos postulantes, poderá, por despacho irrecorrível, admitir, observado o prazo fixado no parágrafo anterior, a manifestação de outros órgãos ou entidades.

A regra, embora em sua dicção normativa afirme que a admissão é uma faculdade do relator, não pode ser entendida de forma linear – conferindo-lhe poderes absolutos para decidir. Se o caso apresentar-se importante (relevante) para a aplicabilidade e máxima eficácia da constituição, deverá o relator admitir a entidade postulante – evidentemente – se ela estiver em condições de aportar o que solicita com excelência.

É dizer, a regra deve ser interpretada e compreendida juntamente com o § 1º do art. 9º que vai na mesma direção ao afirmar que

> Em caso de necessidade de esclarecimentos de matéria ou circunstância de fato ou de notória insuficiência de informações existentes nos autos, poderá o relator requisitar informações adicionais, designar perito ou comissão de peritos para que emita parecer sobre a questão, ou fixar data para, em audiência pública, ouvir depoimentos de pessoas com experiência e autoridade na matéria.

Assim a regra é a busca de uma visão plural e abrangente sobre a questão posta para o Tribunal, recolhendo as diferentes perspectivas de todos os que podem contribuir para o debate constitucional.

É evidente que a seleção dos *amici curiae* cabe ao relator que deverá, de forma motivada, enunciar as razões pelas quais admite ou não admite esse ou aquele que pleiteia o ingresso no processo. A mera superposição de pedidos que aportariam a mesma contribuição não tem sentido e só tumultuaria o processo. Por isso é preciso selecionar quem dele participará.

O Supremo Tribunal Federal tem admitido o ingresso do *amicus curiae* até o prazo das informações a serem prestadas pelas autoridades responsáveis pelo ato ou norma impugnada na ação, mas tem flexibilizado essa regra admitindo o ingresso mesmo após o prazo das informações e até a data em que o relator libere o processo para colocá-lo em pauta.

Tem entendido o STF que o requisito da pertinência temática aqui também é aplicável e exigível.

O "amigo da corte" pode: a) apresentar memoriais; b) prestar informações que lhe forem solicitadas; e c) realizar sustentação oral com as razões que justificaram seu ingresso no processo.

A doutrina tem defendido o direito de o *amicus curiae* interpor recurso da decisão que não admita o seu ingresso na ação.

A jurisprudência do STF até o momento não tem sido firme, ora admitindo esse recurso, ora recusando-o.[1]

De fato a figura do *amicus curiae* não só vem a democratizar o processo objetivo de controle de constitucionalidade no Supremo Tribunal Federal, mas apresenta-se como um instrumento revolucionário se considerarmos a realidade anterior.

Com ele foi possível não só admitir novas e importantes visões (múltiplas) para a realidade constitucional, como também proporcionar uma abertura jamais vista na hermenêutica tradicional para levar ao Tribunal a realidade global do fenômeno constitucional que abarca também a norma que decorre da aplicação da constituição inclusive as leis infraconstitucionais.

É dizer, ao analisar a matéria de fato, conforme autorizam os §§ 1º, 2º e 3º, do art. 9º, da Lei 9.868/1999, abre-se um importante caminho para uma visão bem mais compreensiva da matéria constitucional, felizmente.

---

1. Sobre o tema, vide o trabalho de Cássio Scarpinella Bueno, Amicus Curiae *no Processo Civil Brasileiro*, 2ª ed., São Paulo, Saraiva, 2008.

Trata-se na verdade de conhecer toda a realidade a fim de ponderá-la para verificar como a matéria será tratada no futuro, de acordo com a decisão oferecida ao problema constitucional.

Faz-se assim uma análise dos impactos atuais e prospectivos (futuros) de uma lei, permitindo ao Tribunal valer-se dos elementos técnicos colhidos no processo para o julgamento com maior segurança sobre todos os ângulos (ou vários deles), abrindo o leque de opções possíveis ao STF.

Recorde-se ainda que no procedimento de edição, revisão ou cancelamento de enunciado da súmula vinculante (vide comentários mais adiante), o relator no STF poderá admitir, por decisão irrecorrível, a manifestação de terceiros na questão, nos termos do Regimento Interno do STF, inclusive de *amicus curiae*.

Não se trata, em absoluto, como queria a velha doutrina, de julgar a constitucionalidade da lei de olhos voltados à legislação ordinária, mas ao contrário, tem-se como fato que a realidade engloba todo o ordenamento jurídico. Deve-se, por isso, avaliar o passado e tentar prognosticar o futuro da maneira mais racional possível.

Recorde-se ainda que remanescem dois tipos de súmulas. As comuns, sem efeitos vinculantes, e as com efeitos vinculantes.

Somente dá ensejo à reclamação no STF o descumprimento de súmula com efeito vinculante e não de súmula comum.

13
AUDIÊNCIA PÚBLICA

A Lei 9.868, de 10.11.1999, foi a primeira a prever a adoção das audiências públicas na justiça constitucional brasileira e nas ações de controle de constitucionalidade naquela Corte.[1]

Três são basicamente as hipóteses de seu cabimento ou realização, a saber:

a) em caso de necessidade de esclarecimento de matéria complexa;

b) em caso de necessidade de esclarecimento de circunstância de fato (dúvida em relação as circunstâncias de fato);

c) insuficiência de informações existentes e sua requisição, ou designação de peritos ou comissão de peritos.

A matéria vem prevista nos arts. 13, XVII e 21, XVII, do Regimento Interno do STF.[2] A redação de ambas é bem similar:

> Convocar audiência pública para ouvir o depoimento de pessoas com experiência e autoridade em determinada matéria, sempre que entender necessário o esclarecimento de questões ou circunstâncias de fato, com repercussão geral e de interesse público relevante, debatidas no âmbito do Tribunal.

Para uma visão pragmática das audiências públicas e toda a sua dinâmica é recomendável a análise direta das ADI 3.510 (Biossegurança e "células-tronco"), realizada em 20.4.2007; ADPF 101, de 27.6.2008, atinente a importação de pneus usados; ADPF 54, relativa à interrupção da gravidez dos fetos anencéfalos, de 26, 28 de agosto e 4 e 16 de setembro

---

1. ADI, ADC, ADPF. Vide art. 9, § 1º, da Lei 9.868/1999; art. 6º, § 1º, da Lei 9.882/1999; e art. 21, XVII do RISTF.
2. Também nos arts. 154 e 155 do RISTF.

de 2008; Audiência Pública sobre Sistema Único de Saúde, realizada em 27, 28, 29 de abril e 4, 6 e 7 de maio de 2009 (Presidência do STF); ADPF 186 e RE 597.285, relativos à adoção de critérios raciais para a reserva de vagas no ensino superior, de 3, 4 e 5 de março de 2010.

14
MODULAÇÃO DOS EFEITOS TEMPORAIS NO CONTROLE DE CONSTITUCIONALIDADE DAS LEIS (NA AÇÃO DIRETA DE INCONSTITUCIONALIDADE)

Já vimos acima que a norma inconstitucional é norma inválida e deve trazer como consequência a sua nulidade ou anulabilidade. Não voltaremos a esse tema. Apenas recorde-se que de nada adiantaria todo o esforço de reconhecer a norma como inconstitucional se não houvesse condições de expulsá-la do sistema de algum modo. A questão é como? A partir de que momento deve-se reconhecer os efeitos da norma inconstitucional?

Dir-se-á que, do ponto de vista lógico, desde que a norma veio ao mundo jurídico. Essa, aliás, sempre foi a posição que historicamente prevaleceu no Brasil seguindo-se no particular a lição clássica norte--americana.[1]

Entretanto, razões ligadas ao princípio da segurança jurídica, à estabilidade das relações, à boa-fé aconselham e indicam a necessidade de modulação dos efeitos da inconstitucionalidade no tempo a fim de que o seu reconhecimento não cause danos maiores aos já causados por seu vício.

1. Também os EUA há tempos abandonaram essa orientação. Nos casos "Likletter *vs.* Walker" (1965), "Stovall *vs.* Denno" (1967) e outros, rejeitavam-se soluções radicais, entendendo que essas decisões não decorriam do texto da constituição americana, mas, sim, de uma questão de política judicial que deveria ser avaliada de acordo com o princípio do livre convencimento do juiz, segundo as exigências da justiça, da razoabilidade em cada caso concreto.

Assim, em todos os países e em face de exigências práticas, iniciou--se por atenuar a doutrina da eficácia *ex tunc*, ou seja, da retroatividade da norma inconstitucional.[2]

No Brasil, mesmo antes da matéria haver sido regulada em lei, o Supremo Tribunal Federal aplicava solução que acomodava, na medida do possível, os interesses em disputa, sem ter que sacrificar integralmente algum deles em detrimento de outro.

Já empregava o que Daniel Sarmento, com acerto, aponta como a aplicação do princípio da proporcionalidade cuja vigência em nosso ordenamento constitucional a jurisprudência vem reconhecendo. Afirma:

> Tal princípio desempenha um papel extremamente relevante no controle de constitucionalidade dos atos do poder público, na medida em que ele permite de certa forma a penetração no mérito do ato normativo, para aferição da sua razoabilidade e racionalidade, através da verificação da relação custo-benefício da norma jurídica e da análise da adequação entre o seu conteúdo e a finalidade por ela perseguida.[3]

Sustenta o jurista carioca, com acerto, que o princípio da proporcionalidade autoriza uma restrição à eficácia *ex nunc* da decisão proferida no controle de inconstitucionalidade, sempre que esta restrição: (a) mostrar--se apta a garantir a sobrevivência do interesse contraposto; (b) não houver solução menos gravosa para proteger o referido interesse; e (c) o benefício logrado com a restrição à eficácia retroativa da decisão compensar o grau de sacrifício imposto ao interesse que seria integralmente prestigiado, caso a decisão surtisse seus efeitos naturais.

Também aqui é importante recordar que as soluções em todo o mundo têm variado.

Por exemplo, o Brasil acolhe igualmente, por inspiração direta e clara do direito alemão, a chamada Declaração de Inconstitucionalidade de uma norma, *sem pronúncia de nulidade,* que está prevista no § 31 da Lei Orgânica da Corte Constitucional daquele país.

A decisão reconhece a ilegitimidade constitucional da norma, mas deixa de declará-la nula, gerando para o legislador o dever jurídico de

---

2. Sobre o tema consulte-se, de Carlos Roberto Siqueira Castro, "Da declaração de inconstitucionalidade e seus efeitos", *Cadernos de Direito Constitucional e Ciência Política*, n. 21, IBDC, pp. 7 e ss., São Paulo, Ed. RT, 1997.
3. "Eficácia temporal do controle de constitucionalidade", *RDA* 212, 1998.

empreender as medidas necessárias para suprimir o estado de inconstitucionalidade.

Como um exemplo dessa categoria temos o caso de quando o STF teve de apreciar a inconstitucionalidade da lei que violava a isonomia por outorgar vantagens a determinadas categorias em detrimento de outras. Na ADI 526 (rel. Min. Sepúlveda Pertence, j. 12.12.1991), o STF concluiu que a simples declaração de inconstitucionalidade com nulidade da lei causaria uma situação de extrema injustiça para aquela categoria que havia percebido o aumento. Sendo assim, o Tribunal constatou a inconveniência de declarar a nulidade, não obstante a presença da inconstitucionalidade no texto impugnado.

Com a vigência da Lei 9.868/1999 o tema foi clarificado, pois o art. 27 da lei praticamente, incorporando o que já fazia o STF, declarou:

> Art. 27. Ao declarar a inconstitucionalidade de lei ou ato normativo, e tendo em vista razões de segurança jurídica e de excepcional interesse social, poderá o Supremo Tribunal Federal, por maioria de dois terços de seus membros, restringir os efeitos daquela declaração ou decidir que ela só tenha eficácia a partir de seu trânsito em julgado ou de outro momento que venha a ser fixado.[4]

Vejamos alguns poucos casos nos quais foi aplicada a modulação dos efeitos pelo Supremo Tribunal Federal:

1. ADI 3458. Nesta ação, ajuizada pelo Conselho Federal da OAB, o STF julgou inconstitucional a lei estadual que conferia ao Poder Executivo, a administração dos depósitos judiciais. Havia vício de iniciativa. O Tribunal modulou os efeitos para dar efetividade à decisão a partir de 60 dias após sua publicação, tempo suficiente, segundo imaginou, para a organização do Estado de Goiás referente ao recolhimento das custas judiciais.

2. ADI 2907. Nesta ação, também proposta pelo CFOAB, o STF declarou a inconstitucionalidade em face do art. 96, I, "a", da CF, e a

---

4. A decisão sobre a constitucionalidade ou a inconstitucionalidade da lei ou do ato normativo somente será tomada se presentes na sessão pelo menos oito Ministros. Efetuado o julgamento, proclamar-se-á o resultado em um ou em outro sentido se tiverem manifestado pelo menos seis Ministros, quer se trate de ação direta ou de ação declaratória de constitucionalidade. É dizer o *quorum mínimo* para decidir quando estamos diante da inconstitucionalidade é o de seis Ministros.

fixação de horário de funcionamento do foro pelo TJ do Amazonas. Foi reconhecido o efeito *ex nunc*.

3. Na ADI 2240, o STF declarou a inconstitucionalidade de lei estadual, mas não pronunciou a nulidade pelo prazo de 24 meses. Tratava-se da criação de Municípios sem edição de lei complementar federal.[5]

Temos ainda a chamada *interpretação conforme a Constituição*.

---

5. Vide ainda, a ADI 3615, 3316, 3022, 3660, 3819, e os Recursos Extraordinários 586.453, 559.882-9, dentre outros.

15
INTERPRETAÇÃO CONFORME A CONSTITUIÇÃO

A "interpretação conforme" possibilita recolher do texto legal um sentido constitucional, conservando a integridade da lei, mas não contém uma delegação ao Tribunal para que proceda à melhoria ou ao aperfeiçoamento da lei. Ela é limitada à expressão literal do texto normativo.

A *plurissignificatividade* do texto normativo constitui a base que permite separar interpretações compatíveis com a Constituição daquelas que se mostram com ela incompatíveis.

A interpretação conforme *stricto sensu* normalmente é um passo prévio à emissão de decisões manipulativas e de inconstitucionalidade simples.

A sentença aditiva indica que um preceito é inconstitucional *enquanto não estabelece....* ou *não prevê.....* ou *omite...* ou *não inclui... algo* que deveria incluir para ser conforme a Constituição.

A disposição é conservada em sua totalidade, mas passa a significar também o sentido omitido (norma) que a tornava ilegítima. Isto é, o Tribunal produz uma nova norma e a adiciona à disposição para convertê-la em constitucional, porque esse tipo de decisão tem sua causa numa omissão da lei.

Nela, o julgador escolhe entre interpretações alternativas existentes no conteúdo normativo do preceito legal e preserva o seu texto.

Assim, objetivamente, temos adotadas pelo Supremo Tribunal Federal, basicamente, as técnicas para decisão a respeito da constitucionalidade ou inconstitucionalidade. São elas:

i) Declaração de nulidade parcial sem redução de texto. Nela o STF emite uma decisão que limita o âmbito da aplicação da lei, vedando-lhe incidência sobre determinadas situações. Não modifica evidentemente o texto. A norma impugnada continua vigendo na forma originária. O texto continua o mesmo, mas o Supremo limita ou restringe a sua aplicação, não permitindo que ela incida nas situações determinadas que enuncia porque nelas há inconstitucionalidade reconhecida.

ii) Interpretação conforme também é tida pelo STF como uma modalidade de decisão de controle de normas, *equiparável* a uma declaração de inconstitucionalidade sem redução de texto.

Gilmar Ferreira Mendes[1] ensina que o Tribunal declara qual das possíveis interpretações se revela compatível com a Lei Fundamental.

Já Dimitri Dimoulis e Soraya Lunardi[2] entendem inexistir equiparação entre a inconstitucionalidade sem redução de texto e a interpretação conforme. Ensinam:

> A diferença não está na natureza constitucional ou inconstitucional do dispositivo e a declaração de constitucionalidade não é logicamente necessária na interpretação conforme (...).
>
> A diferença entre interpretação conforme e declaração de inconstitucionalidade parcial sem redução de texto está no *critério* utilizado para fiscalizar a constitucionalidade. No primeiro caso, o problema diz respeito à interpretação da norma; no segundo, o problema diz respeito aos casos reais em que sua aplicação é permitida.
>
> Mais especificamente, na interpretação conforme se avalia o dispositivo, censurando certas "possibilidades de interpretação" que o legislador autorizou. A fiscalização diz respeito à premissa maior do silogismo jurídico.
>
> Exemplo: O dispositivo pode ser interpretado como: "A ou B é permitido".
>
> O Tribunal constitucional decide que o dispositivo é constitucional só na medida em que dispõe: "A é permitido", excluindo a interpretação B.
>
> Já na declaração de inconstitucionalidade parcial sem redução de texto não há dúvidas sobre a interpretação do dispositivo. Só se fiscalizam as hipóteses de sua *aplicação,* isto é, situações que podem compor a *premissa menor* do silogismo jurídico. Na medida em que o dispositivo se aplica em algumas hipóteses, temos inconstitucionalidade. Nas demais hipóteses não há problema.

1. *Jurisdição Constitucional*, São Paulo, Saraiva, 1996.
2. *Curso de Processo Constitucional – Controle de Constitucionalidade e Remédios Constitucionais*, São Paulo, FGV e Atlas, 2011, pp. 274 e ss.

Finalmente temos que razão assiste a Virgílio Afonso da Silva[3] quando obtempera:

> A interpretação conforme a constituição, na forma como definida pela doutrina, não tem como resultado excluir casos ou destinatários da aplicação da norma, enquanto esse é o resultado por excelência da declaração de nulidade parcial sem modificação de texto. Isso significa que a declaração de nulidade não pretende salvar a lei mudando seu significado, mas excluindo sua aplicação para determinados casos ou determinados destinatários. A ADI 1521-MC pode servir como um bom exemplo para essa diferença.

---

3. "Interpretação Conforme a Constituição: entre a trivialidade e a centralização judicial", *Revista Direito FGV*, vol. 2, pp. 191 e ss.

16
MEDIDA CAUTELAR

Segundo o art. 102, I, "p", da CF/1988, compete ao Supremo Tribunal Federal, processar e julgar originariamente, "o pedido de medida cautelar das ações diretas de inconstitucionalidade". De outra parte, a Lei 9.868/1999 também estabelece:

Art. 10. Salvo no período de recesso, a medida cautelar na ação direta será concedida por decisão da *maioria absoluta* **dos membros do Tribunal**, observado o disposto no art. 22, após a audiência dos órgãos ou autoridades das quais emanou a lei ou ato normativo impugnado, que deverão pronunciar-se no prazo de cinco dias.

§ 1º. O relator, julgando indispensável, ouvirá o Advogado-Geral da União e o Procurador-Geral da República, no prazo de três dias.

§ 2º. No julgamento do pedido de medida cautelar, será facultada sustentação oral aos representantes judiciais do requerente e das autoridades ou órgãos responsáveis pela expedição do ato, na forma estabelecida no Regimento do Tribunal.

§ 3º. Em caso de excepcional urgência, o Tribunal poderá deferir a medida cautelar sem a audiência dos órgãos ou das autoridades das quais emanou a lei ou o ato normativo impugnado.

Art. 11. Concedida a medida cautelar, o Supremo Tribunal Federal fará publicar em seção especial do Diário Oficial da União e do Diário da Justiça da União a parte dispositiva da decisão, no prazo de dez dias, devendo solicitar as informações à autoridade da qual tiver emanado o ato, observando-se, no que couber, o procedimento estabelecido na Seção I deste Capítulo.

§ 1º. A medida cautelar, dotada de eficácia contra todos, será concedida com efeito *ex nunc,* salvo se o Tribunal entender que deva conceder-lhe eficácia retroativa.

§ 2º. A concessão da medida cautelar torna aplicável a legislação anterior acaso existente, salvo expressa manifestação em sentido contrário.[1]

Art. 12. Havendo pedido de medida cautelar, o relator, em face da relevância da matéria e de seu especial significado para a ordem social e a segurança jurídica, poderá, após a prestação das informações, no prazo de dez dias, e a manifestação do Advogado-Geral da União e do Procurador-Geral da República, sucessivamente, no prazo de cinco dias, submeter o processo diretamente ao Tribunal, que terá a faculdade de julgar definitivamente a ação.

A matéria encontra-se regulada no Regimento Interno do Supremo Tribunal Federal, nos arts. 170, §§ 1º, 2º e 3º, e 171 a 173.

Inicialmente é preciso advertir que o poder cautelar do juiz (de qualquer juiz – de primeira à última instância), a nosso sentir, decorre mesmo do próprio exercício da função jurisdicional.

Mesmo que não houvesse nenhuma lei ou mesmo que a Constituição tivesse silenciando sobre o poder cautelar, ele existiria, pois é conatural ao exercício da função jurisdicional.

A cautelar pressupõe uma situação de urgência provocada por fatos ou atos humanos. Na jurisdição constitucional não é diferente.

Pode existir um perigo de dano iminente e irreparável que enseje a concessão de uma medida cautelar na ação direta de inconstitucionalidade de lei ou ato normativo.

Deveras, se a existência mesmo da ação de inconstitucionalidade explica-se para que o princípio da supremacia da constituição possa continuar a brilhar no sistema jurídico, parece natural que o órgão judicial encarregado de reconhecer a inconstitucionalidade tenha mecanismos para tutelar situações de urgência.

Evidentemente, como estamos diante do reconhecimento de um ato inconstitucional, é preciso que a maioria absoluta dos membros do Tribunal pronunciem-se para conceder a cautela requerida.

1. Cabem aqui as justas críticas da doutrina, pois, como bem pondera Clèmerson Merlin Clève, "a reentrada em vigor da norma revogada nem sempre é vantajosa. De fato, a norma reentrante pode padecer de inconstitucionalidade ainda mais grave que a do ato nulificado. Detectada a manifestação de eventual eficácia repristinatória indesejada, cumpre requerer, igualmente, já na inicial da ação direta, a declaração de inconstitucionalidade, e, desde que possível, a do ato normativo ressuscitado" (*A Fiscalização Abstrata de Constitucionalidade no Direito Brasileiro*, São Paulo, Ed. RT, 2000, p. 250).

Afinal cuida-se de suspender a eficácia de uma lei ou de um ato normativo que goza, em princípio, da presunção de constitucionalidade, abalada pela concessão da cautelar, e que aguardará o julgamento definitivo do Tribunal.

O relator receberá a petição da medida cautelar devidamente fundamentada com a indicação das razões porque deve a lei ou o ato normativo serem suspensos de imediato, não podendo aguardar o processamento regular da ação.

É obrigatória a audiência dos órgãos ou autoridades dos quais emanou a lei ou ato normativo em cinco dias.

Após a vinda dessas informações, *poderá* o relator ainda ouvir o Advogado Geral da União e o Procurador Geral da República, no prazo de três dias.

Excepcionalmente poderá o Tribunal deferir a cautelar sem a audiência dos órgãos ou autoridades acima enunciados. E isso porque pode, ao tomar conhecimento do pedido e avaliá-lo, reconhecer presente a situação de urgência relatada pela parte requerente.

A nosso juízo, tanto aqui como em qualquer cautelar devem estar presentes o perigo na demora, a situação claramente de urgência enunciada, e evidentemente tudo amparado em sólida argumentação da parte, de modo a demonstrar a verossimilhança do direito constitucional alegado.

Concedida a cautelar, o Supremo publicará a decisão, solicitando informações, caso elas ainda não tenham sido prestadas.

A lei estabelece como regra geral a concessão de efeitos *ex nunc*, e mediante pronunciamento contrário do Tribunal, retroativa a decisão.

Há prazo para sua vigência? Não. A lei silencia e como regra acreditamos que permanece eficaz até o julgamento, uma vez concedida, mas pode ser cassada ou revogada, caso qualquer das partes (a parte interessada em sua revogação) apresente argumentos que levem o Tribunal a revogá-la ou cassá-la.

Antes do julgamento é preciso que todos tenham sido ouvidos, é dizer, para atender ao devido processo legal, todos os órgãos ou agentes que participam de algum modo do controle concentrado devem manifestar-se na ação.

São eles, o Advogado Geral da União, o Procurador-Geral da República e os órgãos ou autoridades dos quais emanou a lei ou ato normativo impugnado.

Finalmente discute a doutrina se mesmo após a vigência da Lei 9.868/1999 poderia *o relator* monocraticamente decidir e deferir medida cautelar, a despeito da previsão legal.

Tem entendido o Tribunal, em várias decisões, que na proximidade do período de recesso, quando já não mais se tem a possibilidade de obter o julgamento do tema pelo Plenário, ou mesmo durante o recesso, há possibilidade de decisão cautelar, seja pelo relator, seja pelo presidente da Corte.

O pedido é deferido *ad referendum* do Plenário.

Por fim cabe registrar que as decisões concessivas de cautelar em ação direta de inconstitucionalidade produzem eficácia com relação a todos (*erga omnes*), havendo questionamentos no sentido de se também seriam *vinculantes*.

Acreditamos que a resposta seja negativa, apesar do resultado do julgamento da Reclamação 1.880, de São Paulo, pois entendeu o STF ser constitucional a previsão do *efeito vinculante* constante do art. 28, parágrafo único, da Lei 9.868/1999, exatamente por atribuir efeito vinculante *às decisões de mérito* em ações diretas de inconstitucionalidade.

Como ainda estamos diante de uma apreciação liminar não acreditamos que possa ter o mesmo efeito que uma decisão definitiva, sob pena de confundir-se efeitos *satisfativos* com *cautelares*.

Ademais parece já o bastante que o Supremo possa cautelarmente suspender a vigência da lei ou do ato normativo impugnado, até decisão definitiva da Corte, atribuindo a essa decisão efeito normal, ou seja, *erga omnes*.

Esse não é, reconheça-se, entendimento pacífico. Muitos entendem que uma consequência da suspensão cautelar da norma afeta sua vigência, o que impede que todos os tribunais, a Administração Pública e outros órgãos estatais apliquem a disposição que restou suspensa.

Nesse sentido, aliás, confira-se o RE 168.227 e a ADI 1.244-SP, reconhecendo-se efeito *vinculante* e suspensão dos julgamentos que envolvam a aplicação ou a desaplicação da lei cuja vigência restou suspensa.

Recorde-se ainda que o art. 21 da Lei 9.868/1999 determina a *suspensão dos julgamentos* que envolvam a aplicação da lei até a decisão final do Supremo Tribunal Federal sobre a controvérsia constitucional.

E também o art. 11, § 2º, afirma que

A concessão da medida cautelar torna aplicável a legislação anterior caso existente, salvo expressa manifestação em sentido contrário.

Finalmente recordamos que a decisão *final* do Supremo Tribunal Federal na ADI deve se dar pelo voto favorável de pelo menos seis Ministros. Não sendo obtido este número (quórum) para decisão, o julgamento será suspenso até que a maioria prevista seja alcançada.

De fato, a sessão de julgamento da ADI apenas pode ser instalada com a presença de oito Ministros.

Seus efeitos são *erga omnes e vinculantes.*

17
EFEITOS VINCULANTES

Dimoulis e Lunardi[1] afirmam que o efeito vinculante pode ser definido como proibição de contrariar decisão proferida pelo STF, sendo essa proibição endereçada a outros órgãos estatais. No Brasil, o efeito vinculante está presente em processos de controle abstrato de constitucionalidade e nas súmulas vinculantes.

Em formulação positiva, o efeito vinculante indica a obrigação de cumprir o dispositivo da decisão e, eventualmente, de seguir sua fundamentação jurídica ao decidir casos semelhantes.[2]

A Emenda Constitucional 45/2004 acrescentou, como sabemos, à CF, o art. 103-A, para instituir a súmula vinculante.

Segundo a regra acima, poderá o STF, de ofício ou por provocação, mediante decisão de dois terços dos seus membros após reiteradas decisões sobre matéria constitucional, aprovar súmula que, a partir de sua publicação na imprensa oficial, terá efeito vinculante em relação aos demais órgãos do Poder Judiciário e à Administração Pública direta e indireta, nas esferas federal, estadual e municipal, bem como proceder à sua revisão ou cancelamento, na forma estabelecida em lei.

O § 1º estabelece, ainda, que a súmula terá por objeto a validade, a interpretação e a eficácia de normas determinadas, acerca das quais haja controvérsia atual entre órgãos judiciários ou entre esses e a Administração Pública que acarrete grave insegurança jurídica e relevante multiplicação de processos sobre questão idêntica.

---

1. *Curso de Processo Constitucional – Controle de Constitucionalidade e Remédios Constitucionais*, São Paulo, FGV e Atlas, 2011, p. 181.
2. Vide art. 102, § 2º, da CF; arts. 10, § 3º, 28, parágrafo único, da Lei 9.868/1999, reconhecendo o efeito vinculante nas ADPF e ADI.

O § 2º, por sua vez, dispõe:

> Sem prejuízo do que vier a ser estabelecido em lei, a aprovação, revisão ou cancelamento de súmula poderá ser provocada por aqueles que podem propor a ação direta de inconstitucionalidade.

Do ato jurídico ou administrativo ou decisão judicial que contrariar a súmula aplicável ou que indevidamente a aplicar caberá reclamação ao Supremo Tribunal Federal que, julgando-a procedente, anulará o ato administrativo ou cassará a decisão judicial reclamada, e determinará que outra seja proferida com ou sem a aplicação da súmula, conforme o caso.

Um dos efeitos mais imediatos das súmulas foi influir diretamente no controle difuso de constitucionalidade, pois a partir da edição de súmulas vinculantes não há mais necessidade prática de envolver outros atores ou comunicar decisões, conforme a vinculação prevista na Lei 11.417/2006.

A súmula vinculará a Administração Pública[3] e os demais órgãos do Poder Judiciário, deixando de lado, naturalmente, o Poder Legislativo, encarregado nos Estados de Direito de formular as normas jurídicas gerais e abstratas.

Já em relação aos efeitos da súmula vinculante é de se recordar o art. 4º da Lei 11.417/2006:

> A súmula com efeito vinculante tem eficácia imediata, mas o Supremo Tribunal Federal, por decisão de 2/3 dos seus membros, poderá restringir os efeitos vinculantes ou decidir que só tenha eficácia a partir de outro momento, tendo em vista razões de segurança jurídica ou de excepcional interesse público.

Ao julgar procedente a reclamação, o Supremo Tribunal Federal anulará o ato administrativo ou cassará a decisão judicial impugnada, determinando, se for o caso, que outra seja proferida com ou sem aplicação da súmula.

---

3. Dimoulis e Lunardi, *Curso de Processo Constitucional...*, cit., p. 183, questionam a modificação da EC 45 que substituiu a expressão "Poder Executivo" por "Administração Pública direta e indireta". Afirmam que isso significa que nem todos os órgãos e atos do Poder Executivo ficam vinculados: "A cúpula do Executivo que toma decisões de peculiar relevância política fica fora do alcance do efeito vinculante. Isso causa estranheza em um Estado constitucional".

Recorde-se que, no *mérito*, julgada a ação direta de inconstitucionalidade, far-se-á a comunicação à autoridade ou ao órgão responsável pela expedição do ato (art. 25 da Lei 9.868/1999). Do julgamento da ADI só cabem embargos de declaração, sendo vedada, ademais, a ação rescisória (art. 26). Decorridos dez dias do trânsito em julgado, o STF publicará a parte dispositiva da decisão (art. 28).

Recordamos que, em regra, o efeito vinculante da decisão proferida no controle abstrato de constitucionalidade não alcança os fundamentos determinantes da decisão.

O Supremo, em alguns julgamentos, entretanto, passou a conferir efeito vinculante, não apenas à parte dispositiva da decisão, mas aos próprios fundamentos determinantes, desde que de cunho transcendente, hipótese em que as razões de decidir vinculam juízes e tribunais em outros julgamentos (vide ADI 3.345-DF).

18

COISA JULGADA

No controle concentrado é tradicional a questão posta pela doutrina em saber se o Supremo Tribunal Federal está vinculado à decisão que proferiu em anterior ação direta.

É dizer, a decisão que reconheceu a inconstitucionalidade de lei faz coisa julgada material? É possível desconstituir tais decisões ou há peculiaridades por estarmos diante da justiça constitucional especial?

O art. 102, § 2º, da CF, ao prever o efeito vinculante das decisões do STF, naturalmente determina que ele se estenda a todos não obrigando a ele próprio prolator da decisão.

Sendo o Supremo Tribunal o intérprete último e em algumas modalidades único (no caso do controle concentrado), parece conatural à sua competência que possa continuadamente analisar a matéria constitucional em face das circunstâncias do tempo.

É claro que, como qualquer Tribunal, deve, sim, estar atento às suas orientações e não deve mudar sua jurisprudência, sem boas razões que o recomendem. Pessoas e instituições pautam suas condutas a partir dos julgamentos sólidos e pacíficos dos Tribunais nas democracias consolidadas e nos Estados de Direito estáveis.

Pois bem, modificando as circunstâncias sociais, políticas ou econômicas, *pode* haver entendimento diverso do fixado uma primeira vez pelo STF, seja no controle direto, seja no controle difuso de constitucionalidade.

É também importante recordar que a inconstitucionalidade tem consequências sérias no Estado e deve afetar o comportamento de todos.

Assim, por exemplo, recorda Manoel Jorge e Silva Neto[1] que, a partir da Lei 11.232/2005, que deu nova redação ao art. 741, parágrafo único, do CPC/1973, admitiu-se que, em embargos à execução contra a Fazenda Pública, aduzisse o embargante-executado que o título judicial a aparelhar a execução seria inexigível, em razão de inconstitucionalidade reconhecida pelo STF.

Portanto, afirma o professor baiano:

> Em duas hipóteses pode ser atacada a coisa julgada material: a) nos embargos à execução e b) na ação rescisória com fundamento no art. 485, V, do CPC [*de 1973*] (...) se a decisão for prolatada antes do *decisum* impugnado em sede de execução ou que se pretende rescindir. Se a decisão do STF no controle abstrato foi produzida depois da formação da coisa julgada, após o trânsito em julgado da sentença impugnada, aí passa a ser absoluta a intangibilidade da *res judicata*.

A jurisprudência do STF inicialmente sustentava que o princípio da segurança jurídica impede examinar no mérito nova ação de inconstitucionalidade sobre a mesma norma, ainda que haja novos argumentos no sentido da inconstitucionalidade.

Posteriormente parece que esse posicionamento cedeu ao argumento segundo o qual mudanças sociais e jurídicas abriram novos horizontes para detectar inconstitucionalidades não vislumbradas no primeiro julgamento.

Acreditamos que, seja em face do art. 5º, XXXVI, da CF, seja mesmo em razão da margem de discricionariedade que detém o legislador brasileiro, é sempre possível haver novas leis sobre condutas julgadas inconstitucionais pelo STF, alterando-se a orientação do julgamento, seja para adaptar ao entendimento do STF, seja para mudar a visão de mundo dentro do espaço constitucional.

É dizer, o julgamento do STF reconhece uma visão como inconstitucional, o que não proíbe, interdita ou limita *em termos absolutos* a margem de manobra do legislador que pode, *sem desafiar a decisão,* realizar a regulação do direito infraconstitucional.

Estamos mais afinados, no particular, com a visão de Dimoulis e Lunardi[2] para quem:

1. *Curso de Direito Constitucional*, 7ª ed., Rio de Janeiro, Lumen Juris, 2011, p. 233.
2. *Curso de Processo Constitucional – Controle de Constitucionalidade e Remédios Constitucionais*, São Paulo, FGV e Atlas, 2011, p. 196.

a declaração de inconstitucionalidade no controle abstrato só gera uma preclusão final, finalizando o processo, isto é, a coisa julgada formal, além do já analisado efeito vinculante.

19
ACESSO À CORTE INTERAMERICANA DE DIREITOS HUMANOS – CIDH

19.1 O esgotamento dos recursos internos e a CIDH

Sobre o tema é importante recordar a necessidade de esgotamento dos recursos internos do Estado (no Estado) para eventual possibilidade de acesso ao Sistema Interamericano de Proteção dos Direitos Humanos.[1]

Ao subscrever a Convenção Americana de Direitos Humanos,[2] já no seu preâmbulo, os Estados Americanos deixaram registrado que o reconhecimento dos direitos humanos justifica

> uma proteção internacional, de natureza convencional coadjuvante e complementar a que oferece o direito interno dos Estados americanos.

Desse modo, não obstante a Convenção estabeleça mecanismos de proteção dos direitos humanos, contemplando a possibilidade de que, nos termos dos seus arts. 44 e 45, é possível apresentar petições ou comunicações à Comissão Interamericana de Direitos Humanos, o art. 46, n. 1, letra "a", requer que previamente, para que essas petições ou comunicações possam ser admitidas,

> devem existir a interposição e o esgotamento dos recursos da jurisdição interna, conforme os princípios do Direito internacional geralmente estabelecidos e reconhecidos.

---

1. Compõem o Sistema Interamericano de Proteção dos Direitos Humanos a Comissão Interamericana de Direitos Humanos-CIDH e Corte Interamericana de Direitos Humanos (Corte).
2. Assinada na Conferência Especializada Interamericana sobre Direitos Humanos, San José, Costa Rica, em 22.11.1969.

Sendo assim, os Estados americanos, inclusive o Brasil evidentemente, deixaram claro que o sistema interamericano não substitui as jurisdições nacionais, mas as complementa. Tem, pois, caráter subsidiário, no sentido de que só pode ser operativo, agir, iniciar-se após o esgotamento de todos os recursos e caminhos processuais abertos na jurisdição local, oferecidos (ou não) pela jurisdição nacional.

É o Estado quem deve, em primeiro lugar, adotar as providências jurídicas cabíveis para corrigir e reparar os danos e ameaças ao Direito alegado e reclamado pela parte.

Evidentemente há consequências importantes desse princípio. Os Estados, de outra parte, têm obrigação assumida no plano da Convenção de oferecer a todos os seus jurisdicionados, todas as possibilidades de uma jurisdição aberta. É dizer, o princípio da ampla possibilidade da jurisdição deve ser efetivo e eficaz, como é o caso da realidade brasileira.

As pessoas devem ter o direito de buscar a tutela judicial em seus países, em seus Estados, com todos os recursos a ela inerentes. Caso essa possibilidade não exista em algum Estado, aí, excepcionalmente, abre-se a possibilidade do acesso direto à Corte Interamericana de Direitos Humanos. Ou, em outras palavras, pode-se invocar a Corte como exceção à regra do não esgotamento dos recursos internos, por sua inefetividade ou inexistência do devido processo legal.

Nessas circunstâncias, a questão dos recursos internos é afastada pela Corte como pré-requisito para conhecer da lesão ao direito alegado.

É evidente que essa regra contém dificuldades de interpretação. A Corte, para verificar se o Estado, através de sua legislação, ofereceu ou não à parte o direito de ver o seu "direito" discutido em juízo ou perante o sistema judicial, e se há ou não o devido processo legal, terá que avaliar amplamente a existência ou não, naquele Estado, de sistema recursal e, mesmo, da sua operatividade e eficácia.

É dizer, se o indivíduo contava ou não com um mínimo de garantias e com o devido processo legal para que seu direito fosse apreciado e avaliado de forma imparcial perante autoridade *judicial*[3] independente.

Segundo a jurisprudência da Corte Interamericana, toda pessoa tem direito a um recurso rápido e simples ou a qualquer outro recurso efetivo

---

3. Judicial, atenção, não administrativa ou mesmo perante o Ministério Público. Há de ser judicial o pleito, a ação, a demanda, a questão.

(eficaz) ante os juízes ou tribunais competentes que a ampare contra atos que violem seus direitos fundamentais, (art. 25 da Convenção).

Há diversos precedentes em que concretamente a Corte constatou a violação desse direito. Assim ocorreu no famoso caso dos "Cinco Pensionistas",[4] ao verificar que durante oito anos o Estado não havia dado eficácia e execução às decisões do próprio Poder Judiciário nacional. A partir daí, a Corte constatou que tal conduta era claramente violadora da Convenção, pois não proporcionava um recurso efetivo, simples e rápido, que amparasse as pessoas diante da violação de seus direitos fundamentais.

A regra do esgotamento dos recursos internos é adotada no interesse dos próprios Estados, pois tem por objetivo dispensá-los de serem chamados a um Tribunal Internacional antes de terem tido a oportunidade de resolver o problema, a violação a um direito por seus próprios meios e recursos previstos em seu ordenamento jurídico.[5]

É ainda importante compreender o significado da expressão ou do alcance do termo "esgotamento dos recursos". Equivale à interposição de todos os recursos previstos no ordenamento jurídico interno? É claro que não. Significa em síntese que eles efetivamente existam, estejam previstos nas leis ou nas constituições, no sistema processual, e que sejam idôneos, aptos, possíveis de ser manejados pela parte.

Assim, não é necessário que em todos os casos as partes devam necessariamente interpor todos os recursos internos previstos no sistema processual, mas somente aqueles que sejam apropriados na situação particular e concreta para tentar reverter a violação ou a situação da parte sucumbente por assim dizer.

Em outras situações, embora os recursos possam estar disponíveis, a parte em concreto não pode, por exemplo, usufruir deles, por uma proibição ou vedação inconstitucional. Neste caso é plenamente acessível a esfera internacional.[6]

Por fim anote-se que a CIDH identificou quatro situações em que um recurso pode tornar-se ineficaz: a) se ele é subordinado a exigências processuais que o façam na prática inaplicável, ineficaz; b) se não tem força executiva para afastar o ato impugnado, ilegal ou abusivo, por

---

4. Caso "Cinco Pensionistas *vs.* Perú", decisão de 28.2.2003.
5. Nesse sentido, caso "Velásques Rodriguez", de 29.6.1988, dentre outros.
6. Vide caso "Cantoral Benavides", de 1998.

exemplo; c) se resulta perigoso para a parte manejá-lo; e d) se não se aplica de forma imparcial.⁷

---

7. Vide caso "Velásquez Rodrigues", já citado; e ainda a Opinião Consultiva OC-11/90 da CIDH.

20

O CONTROLE DE CONVENCIONALIDADE NO SISTEMA REGIONAL DE CONTROLE DOS DIREITOS HUMANOS

20.1 A pluralidade de ordens jurídicas. A mais recente inter-relação entre o Direito Internacional e o Direito Constitucional e suas consequências. 20.2 Direitos Humanos e sua proteção regional. 20.3 Origens e alcance do controle de convencionalidade. 20.4 Desenvolvimento do controle de convencionalidade. 20.5 Princípio da subsidiariedade. 20.6 Intensidade e alcance do controle. 20.7 O controle de convencionalidade e o Supremo Tribunal Federal.

20.1 A pluralidade de ordens jurídicas. A mais recente inter-relação entre o Direito Internacional e o Direito Constitucional e suas consequências

Inicialmente, parece-me importante, nesta etapa do trabalho, assentar algumas premissas metodológicas e históricas fundamentais.

Vivemos hoje um momento de grande desenvolvimento e expansão do direito internacional em vários campos do conhecimento jurídico.

Não há disciplina ou matéria jurídica nacional que, de algum modo, não sofra a incidência normativa de algum tratado, convenção ou regulação internacional, inclusive da *soft law*.

Desse modo, não basta hoje o operador jurídico conhecer apenas o direito interno, o ordenamento jurídico estatal, o seu direito constitucional e as normas infraconstitucionais.

E assim é porque o direito constitucional e várias outras disciplinas sofrem a influência, a incidência normativa do direito internacional. Os planos doméstico e internacional estão em constante relação de tensão, coordenação e eventual atrito.

Deveras, as relações jurídicas hoje também estão globalizadas e internacionalizadas. Vivemos em um mundo onde proliferam organizações internacionais, tribunais internacionais, nacionais, supranacionais, setores público, privado, empresarial, cada um deles emitindo um grande número de normas jurídicas que devem ser interpretadas e aplicadas para além da figura tradicional do Estado.[1]

É importante notar portanto a existência de uma pluralidade de ordens jurídicas que devem conviver.

Todas elas podem regular a mesma realidade sob diferentes dimensões, causando, não raras vezes, anomias, conflitos, atritos de interpretação na intelecção dos direitos dos indivíduos perante as várias esferas de ordens jurídicas presentes no mundo em rede em que hoje vivemos.

Assim, uma mesma situação jurídica enseja, ou pode ensejar, ao menos uma regulação interna (doméstica) e internacional. Temas como a proteção dos direitos humanos, que tratamos mais abaixo, tribunais, acesso a direitos, garantias processuais existem em diversos planos.

Também não podemos nos esquecer da existência hoje de inúmeras entidades internacionais que há 25 anos atrás (um átimo de tempo na História) não existiam. Tome-se por exemplo o grande número de Tribunais, Cortes e organizações internacionais existentes no mundo ou, ao menos, na América Latina.

Essa realidade tem forte impacto no que conhecíamos como o Direito Constitucional tradicional ou clássico. Não é mais somente a Constituição a norma máxima do ordenamento jurídico doméstico. Agora é preciso atenção *também* para as normas internacionais que pressionam, condicionam e de algum modo aderem ao direito constitucional ordinário.

O controle de constitucionalidade abre-se, nessa dimensão, para os tratados e convenções internacionais.

Os seus controladores, por sua vez, *notadamente* o Judiciário e o Supremo Tribunal Federal, também têm o dever de conferir eficácia e aplicabilidade aos tratados internacionais firmados pelo Brasil, alguns inclusive com natureza e *status* de norma constitucional.

Vê-se que não basta conhecer a Constituição para conhecer o Direito Constitucional.

1. Para aprofundar, vide o nosso: *O Direito Constitucional Transnacional e algumas de suas Dimensões*, no prelo. Vide também Carlos Ayala Corao, *Del Diálogo Jurisprudencial al Control de Convencionalidad*, Caracas, Editorial Jurídica Venezolana, 2012.

É também necessário interpretar o Direito que hoje não se limita ao ordenamento doméstico, mas a uma pluralidade de ordens jurídicas que se interconectam trazendo aspectos positivos e negativos.

De fato, há necessidade, em face da forte internacionalização de todas as relações jurídicas, hoje mais do que nunca, de um diálogo jurisprudencial entre Cortes (e Tribunais) e os demais atores do mundo jurídico de todos os poderes e Estados diversos.

Há um espaço comum em nossa região e, em outra medida, também em outras democracias (do Norte, da Ásia, África, Europa e do Novo Continente), para que trocas de experiências jurídicas e, sobretudo, jurisprudenciais ocorram em prol de todos os indivíduos.

O controle de convencionalidade deve ser visto e estudado também como uma possibilidade de diálogo cultural e jurídico entre as diversas democracias de nossa região (sobretudo) e outros Estados.

É dizer, abre-se a possibilidade de, por intermédio do controle de convencionalidade, estabelecer um diálogo entre tribunais, entre operadores jurídicos que decidem de forma concreta ou abstrata o conteúdo dos direitos, sobretudo, os direitos humanos.

Pode formar-se, assim, um possível *círculo virtuoso* por intermédio de trocas de contatos e de jurisprudências, deixando de lado questões de hierarquia, para centrarmos nossas preocupações na melhor forma de promover e atender o direito humano questionado e judicializado.[2]

O estudo das possibilidades do diálogo entre Cortes é riquíssimo, mas não é esse o espaço para desenvolvê-lo.

20.2 Direitos humanos e sua proteção regional

Como sabemos, os pilares dos direitos humanos estão assentados fundamentalmente na dignidade da pessoa e ninguém pode legitimamente impedir que o outro goze dos direitos humanos.

---

2. Nessa linha metodológica, vide, dentre outros: Javier García Roca, Prólogo a Giuseppe de Vergottini, *Más Allá del Diálogo entre Tribunales. Comparación y Relación entre Jurisdicciones*, Madrid, Civitas e Thomson Reuters, 2010, o próprio Prof. Vergottini na obra citada; Antonio Flores Saldaña, *El Control de Convencionalidad y la Hermenéutica Constitucional de los Derechos Humanos*, México, Porrúa, 2014; *Del Diálogo Jurisprudencial al Control de Convencionalidad*, de Carlos Ayala Corao, Caracas, Editorial Jurídica Venezolana, 2012, dentre outros.

O Homem só pode realizar-se na comunidade social e esta comunidade não tem outro fim que o de servir à pessoa.

A dignidade é irmã siamesa do ser humano e, como tal, inseparável de sua essência e ainda, portanto, parte integrante e inseparável do conceito de direitos humanos.

A noção de dignidade humana é produto do reconhecimento da *unicidade* de cada indivíduo humano. Por ser indivíduo humano, deve ter o respeito e a proteção social do Estado e da sociedade.

Com razão Ingo Sarlet[3] ao ensinar:

> Com efeito, parece-nos já ter sido suficientemente repisado que a dignidade, como qualidade intrínseca da pessoa humana, não poderá ser ela própria concedida pelo ordenamento jurídico. (...)
>
> Assim, quando se fala – no nosso sentir equivocadamente – em direito à dignidade, se está, em verdade, a considerar o direito a reconhecimento, respeito, proteção, promoção e desenvolvimento da dignidade.
>
> Podemos e devemos, inclusive, falar de um direito a uma existência digna, sem prejuízo de outros sentidos que a pessoa possa atribuir aos direitos fundamentais relativos à dignidade da pessoa.
>
> Por esta razão, consideramos que neste sentido estrito – de um direito à dignidade como concessão – efetivamente poder-se-á sustentar que a dignidade da pessoa humana não é nem poderá ser, ela própria um direito fundamental.

A proteção dos direitos humanos convive, no plano mundial, com dois *sistemas*: um global e outro regional. Um sistema complementa o outro.

A célula mais importante de proteção desse sistema é sem dúvida a Declaração Universal dos Direitos do Homem, de 1948.

O continente americano conta com um sistema de *proteção dos direitos humanos*, cujos alicerces se encontram na Carta da Organização dos Estados Americanos (OEA, 1967) e na Declaração Americana dos Direitos e Deveres do Homem de 1948.[4]

---

3. *Dignidade da Pessoa Humana e Direitos Fundamentais na Constituição Federal de 1988*, 6ª ed., Porto Alegre, Livraria do Advogado, 2008, p. 74.
4. Além, naturalmente, das Constituições dos Estados e de toda a sua legislação por assim dizer doméstica, nacional.

Como já dito, o sistema interamericano é integrado por dois órgãos ou braços, a Comissão Interamericana de Direitos Humanos-CIDH e a Corte Interamericana de Direitos Humanos.

Em 1959 criou-se a Comissão Interamericana de Direitos Humanos, e seu instrumento normativo básico foi somente a Declaração Americana dos Direitos e Deveres do Homem.

Em 1967, com a primeira reforma na Carta da OEA, através do Protocolo de Buenos Aires, a Comissão Interamericana se converteu em um dos órgãos principais da Organização.

Posteriormente, como se sabe, redigiu-se a Convenção Americana sobre Direitos Humanos-CADH, que entrou em vigor em 18.6.1978, e com ela o estabelecimento da *Corte Interamericana de Direitos Humanos*, em 1979, como a instituição judicial autônoma da OEA, cujo objetivo é exatamente a aplicação e interpretação da Convenção Americana sobre (de) Direitos Humanos e de outros tratados concernentes ao mesmo tema.

A CADH foi aprovada em 22 de novembro de 1969, tendo sido incorporada ao direito brasileiro somente em 1992; o Brasil aderiu à jurisdição contenciosa da Corte somente em 1998.[5]

Não há hoje a menor dúvida. A Corte Interamericana de Direitos Humanos é a maior e mais qualificada intérprete dos Direitos Humanos em nossa região, a América Latina.[6]

É ela quem diz *a última e definitiva palavra* acerca da interpretação e do alcance da Convenção. Todos devem acomodar-se à sua interpretação, inclusive os Tribunais e Cortes Constitucionais da região.[7]

---

5. A adesão do Brasil à Convenção conhecida também como *Pacto de San José*, deu-se por intermédio do Decreto 678, de 6.11.1992.

6. René Urueña pondera com razão: "Así mismo, la perspectiva nacional permite ver que el efecto directo de los instrumentos internacionales mejora la posición de las cortes nacionales que buscan ejercer su jurisdicción en la protección de los derechos humanos. No solamente les da las normas jurídicas para hacerlo, sino también (y más importante) les permite invocar la legitimidad y autoridad normativa del derecho internacional para respaldar sus decisiones. Así, en una región como América Latina, donde los poderes ejecutivos son fuertes y las cortes son tradicionalmente débiles, la aplicación nacional del derecho internacional de los derechos humanos fortalece a las cortes nacionales, y las fortalece ante otras ramas del poder público" ("Luchas locales, Cortes Internacionales. Una exploración de la protección multinivel de los Derechos Humanos en América Latina", *Revista Derecho del Estado*, n. 30, Bogotá, jan.-jun. 2013, p. 319).

7. Aqui é bom alertar desde logo. Há autores que sustentam a existência tanto no direito comunitário europeu (em maior escala), como no direito supranacional

É verdade que há um certo paradoxo nesta constatação.

De um lado, não há, como se sabe, uma regulação jurídica sobre *como* (de que maneira) devem cumprir-se as decisões da Corte Interamericana de Direitos Humanos ou as recomendações da Comissão Interamericana de Direitos Humanos, *que não são obrigatórias*.

De outro lado, é evidente que quando qualquer Estado ratifica um Tratado internacional, inclusive de direitos humanos, é obrigado a dar-lhe integral cumprimento.

Sendo assim, parece natural que os Tribunais e Cortes Internacionais tenham suas decisões acatadas pelos Estados aderentes.[8]

ou internacional dos direitos humanos de uma chamada "margem de apreciação nacional" a tal ponto que inclusive se opõem por exemplo ao controle de convencionalidade porque dentre outros aspectos afeta a legitimação democrática dos Parlamentos nacionais. Em nosso sistema de proteção vide, entre outros: caso "Gelman *vs.* Uruguay". Uma das saídas a esses impasses de várias dimensões em que se entrecruzam problemas de várias naturezas (hierárquico, hermenêutico, de pluralidade de fontes, de raiz democrática, do velho monismo e dualismo etc.) invoca-se a doutrina da interpretação *pro homine* como uma das soluções possíveis para se buscar o sentido da interpretação entre as normas dos sistemas nacional e internacional, a mais protetora para o ser humano. Sobre o tema da "margem de apreciação nacional", dentre outros, vide de José Ignácio Martínez Estay, "Auto--restricción, deferencia y margen de apreciación. Breve análisis de sus orígenes y de su desarrollo", *Revista Estudios Constitucionales*, n. 1, Ano 12, Chile, Centro de Estudios Constitucionales de Talca, 2014; de Francisco R. Barbosa Delgado, "Los límites a la doctrina del margen nacional de apreciación en el Tribunal Europeo y la CIDH: intervención judicial en torno a ciertos derechos de las minorías étnicas y culturales", *Revista Derecho del Estado*, n. 26, Bogotá, 2011.

8. *Todos* devem interpretar e aplicar a Convenção Americana, não somente a Corte Interamericana de Direitos Humanos. Nesse sentido, elucidativo é o trecho que trazemos tirado do caso "Trabajadores Cesados del Congreso (Aguado Alfaro y otros *vs.* Perú, 2006)": "128. Cuando un Estado ha ratificado un tratado internacional como la Convención Americana, sus jueces también están sometidos a ella, lo que les obliga a velar porque el efecto útil de la Convención no se vea mermado o anulado por la aplicación de leyes contrarias a sus disposiciones, objeto y fin. En otras palabras, los órganos del Poder Judicial deben ejercer no sólo un control de constitucionalidad, sino también "de convencionalidad *ex officio* entre las normas internas y la Convención Americana, evidentemente en el marco de sus respectivas competencias y de las regulaciones procesales correspondientes. Esta función no debe quedar limitada exclusivamente por las manifestaciones o actos de los accionantes en cada caso concreto, aunque tampoco implica que ese control deba ejercerse siempre, sin considerar otros presupuestos formales y materiales de admisibilidad y procedencia de ese tipo de acciones".

O sistema careceria de sentido se as decisões tomadas a nível internacional não fossem atendidas e acatadas pelos Estados.[9]

De fato, os tratados, após a ratificação pelos Estados, passam a ser de observância obrigatória por todos os seus Poderes e agentes, não podendo o legislador nacional, na perspectiva do direito internacional público, elaborar leis que sejam contrárias às normativas internacionais, sob pena de responsabilização internacional do Estado perante Tribunais internacionais, cuja jurisdição tenha voluntariamente aderido.

Paralelamente, diversas constituições de nossa região, a América Latina ou Ibero-América, abriram-se aos direitos humanos em variado grau.

Em sua maioria, se atribui aos tratados internacionais de direitos humanos valor de norma constitucional, como é o caso atual da Constituição brasileira e o caso pioneiro da Constituição argentina, sobre o que já dissertamos e segue reproduzido:

> (...) es decir, que dichos tratados adquieren rango constitucional y, por tanto, la supremacía y la rigidez propias de la Ley Fundamental. Esta supremacía fue establecida de manera expresa por el artículo 105 de la Constitución peruana de 1979, pero dicho precepto no se reiteró en la Constitución vigente de 1993.
>
> Una situación similar se consagró en la reforma de agosto de 1994 a la Constitución federal argentina, ya que, por una parte, dicha Ley suprema otorga a los tratados internacionales en general valor superior a las leyes, y a las declaraciones y tratados vigentes sobre derechos humanos que enumera expresamente les confiere *jerarquía constitucional,* pero además podrán adquirir la misma preeminencia los demás tratados que sean aprobados por el Congreso con el voto de las dos terceras partes de la totalidad de los miembros de cada Cámara.
>
> (...)

9. Os Tratados Internacionais repousam seu efeito vinculante na regra do *pacta sunt servanda.* Recorde-se que a Corte Interamericana não impõe propriamente aos Estados, de maneira concreta como devam cumprir suas decisões, mas exigem que, de algum modo, a sentença a decisão seja atendida, executada, conforme o caso concreto e a situação julgada. Também é verdade que em seu auxílio, a Corte invoca: da Convenção Americana, os arts 1º e 2º, e da Convenção de Viena, o art. 26 (*pacta sunt servanda*), segundo o qual, todo tratado em vigor obriga as partes e deve ser cumprido de boa-fé, e o art. 27, segundo o qual: "o direito interno deve observar os tratados; e uma das partes não pode invocar as disposições de seu direito interno para justificar o descumprimento de um tratado".

Los tratados internacionales con rango supra legal han sido reconocidos en varios ordenamientos latinoamericanos como los de Costa Rica (art. 7º, incorporado en 1968); El Salvador (arts. 144 y 145); Guatemala (art. 46), y Colombia (art. 143). Sin embargo, debe destacarse que la IV Sala (Constitucional), de la Corte Suprema de Costa Rica, no obstante el precepto fundamental antes señalado, ha otorgado en su jurisprudencia valor *constitucional,* con la posibilidad de asumir una jerarquía *supraconstitucional* a los tratados de derechos humanos en la medida que otorguen mayores derechos y garantías a las personas, con relación a las que se confieren en el derecho interno.[10]

Esta equiparação amplia o chamado "bloco de constitucionalidade", estendendo-se sobre os tratados o *status* normativo de hierarquia suprema. Assim é claro que esses tratados ratificados se incorporam ao direito nacional com o valor de norma constitucional.

Aliás, a rigor, acreditamos que as *convenções internacionais sobre direitos humanos* são verdadeiras constituições da ordem internacional.

Nesse sentido decidiu o Tribunal Europeu de Direitos Humanos-TEDH (ou European Court of Human Rights-ECHR ou Cour Européenne de Droits de l'Homme-CEDH), no caso "Ireland *vs.* United Kingdom" (1979), onde se proclamou que a Convenção Europeia para a Proteção dos Direitos Humanos e Liberdades Fundamentais era a Carta Constitucional da Europa. No mesmo sentido também decidiu o Tribunal Europeu de Justiça no caso "Parti Ecologiste 'Les Verts' *vs.* European Parliament" (1986).

Como consequência no âmbito interno dos Estados, quando qualquer autoridade pública, sobretudo a judicial, constatar a existência de norma jurídica incompatível com a norma convencional, deve, se a isso estiver habilitada, anular, invalidar leis *inconvencionais.*

O objetivo principal do controle de convencionalidade é atribuir aos juízes nacionais a missão de deixar de aplicar as regras do direito interno opostas ao Pacto de São José da Costa Rica.[11]

10. Cf. Marcelo Figueiredo, "La internacionalización del orden interno en clave del derecho constitucional transnacional", in Flavia Piovesan, Armin von Bogdandy e Mariela Morales Antoniazzi, *Estudos Avançados de Direitos Humanos*, Rio de Janeiro, Elsevier, 2013, pp. 156-157.
11. Vide nesse sentido, o trabalho de José Ricardo Cunha, "Direitos Humanos e justiciabilidade. Pesquisa no TJRJ", *SUR, Revista de Direitos Humanos*, n. 3, Ano 2, 2005, pp. 139 e ss.

Como decidido pela Corte Interamericana no caso "Almonacid Arellano *vs.* Chile" (2006), os juízes nacionais devem cumprir um papel de controle repressivo ao deixar de aplicar as regras de direito interno opostas ao Pacto de São José da Costa Rica.

Esta, aliás, é a doutrina pacífica da Corte Interamericana de Direitos Humanos.

Além disso, o controle de convencionalidade não se limita a assegurar a primazia apenas do Pacto de São José da Costa Rica, mas também de todos os tratados de direitos humanos ratificados por um Estado. A isso denomina a doutrina de *bloco de convencionalidade*.[12]

Tais circunstâncias influenciam e afetam mesmo a própria noção ou hierarquia (ou supremacia) da norma constitucional nos moldes tradicionais.

É que hoje podemos falar em uma (ou várias) constituições em nossa região convencionalizada(s).

É dizer, a norma fundamental já não é o que diz o intérprete supremo nacional em face da interferência da Corte Interamericana que acaba condicionando o entendimento dos direitos reconhecidos constitucionalmente, mas ainda quando a Convenção é declarada norma de caráter constitucional.[13]

É também certo que os tratados internacionais se integram ao direito nacional, passam a ser norma nacional de fonte internacional, e cada ordenamento nacional os coloca em uma posição diferente dentro do próprio sistema.[14]

12. Nesse sentido, vide Eduardo Ferrer Mac-Gregor, "Interpretación conforme y control difuso de convencionalidad; el nuevo paradigma para el juez mexicano", in Alejandro Saiz Arnaz e Mac-Gregor (coords.), *Control de Convencionalidad, Interpretación Conforme y Diálogo Jurisprudencial. Una visión desde América Latina y Europa*, México, Porrúa-UNAM, 2012, pp. 109 e ss.
13. Nesse sentido, vide Néstor Sagüés, "Control de constitucionalidad y control de convencionalidad: a propósito de la 'constitución convencionalizada'", *Parlamento y Constitución*, n. 14, 2011, p. 143.
14. Sobre o funcionamento do direito comunitário vide Raúl Canosa Usera: "Así las cosas, y puesto que el orden comunitario es autónomo, tiene su propio sistema de fuentes que genera un derecho derivado, y un tribunal que lo hace valer, es condición existencial de este ordenamiento ser aplicado con carácter uniforme por todas las autoridades nacionales, pues si bien hay autoridades estrictamente comunitarias que aplican ese derecho , por lo general corresponde tal operación a las autoridades na-

É certo que as Constituições podem ser mais generosas no tema dos direitos humanos, dispensando maior proteção do que aquela oferecida pelo Pacto de São José da Costa Rica. Entretanto, essa não é a realidade latino-americana em temas sensíveis como saúde, educação, administração da justiça, direitos políticos, ambientais etc.

Por isso, à CIDH cumpre relevante papel entre nós. Assim é porque as democracias em nossa região não estão plenamente consolidadas.

A cultura democrática não está suficientemente desenvolvida em nossa região. Temos melhorias no campo social mas ainda há fortíssimas injustiças na distribuição de renda, além de índices de violência intoleráveis.

Apesar de progressos na inclusão social de classes sociais que estavam marginalizadas, há muito que avançar em termos de construção da cidadania em nossa região.

A cultura dos direitos humanos e seus *standards* contribuem para o aperfeiçoamento das instituições democráticas e para assegurar que

cionales, y, en último término, a los jueces nacionales. Esto son con todo rigor jueces comunitarios. Ocurre que el ámbito espacial y personal de validez del Derecho comunitario se yuxtapone con la suma de los ámbitos espaciales y personales de validez de los ordenamientos nacionales, así que sería imposible admitir que fuera aplicado con preferencia el derecho interno, de haber norma comunitaria, porque entonces el derecho comunitario seria destruido. Su superveniencia – condición existencial – depende, pues, de que las autoridades nacionales los apliquen, y de que, por ende, los jueces nacionales vigilen esa aplicación o lo hagan por si mismos cuando corresponda. Esta labor del juez nacional ¿es equiparable al control de convencionalidad difuso tal y como se ha desarrollado en el sistema interamericano y podía desarrollarse en el europeo del Consejo de Europa? La primera diferencia se ha apuntado ya: el ordenamiento jurídico comunitario es autónomo; además, el juez nacional cuando aplica derecho comunitario no hace en primera instancia un control de comunitariedad de la norma nacional, se limita a comprobar si hay norma comunitaria en la materia, y si la hay, desplaza la aplicación de la nacional. No es un juicio de validez, sino de aplicación. Entre dos normas con pretensión de aplicación ha de preferir la comunitaria. En esto consiste la primacía del derecho comunitario, que no equivale a supremacía, pues de ésta se deriva la invalidez de la norma contradictoria, y es propia de la relación entre dos normas que se remiten a un mismo sistema de fuentes. La relación entre normas comunitarias y estatales responde al insólito mundo de las relaciones entre dos ordenamientos que yuxtaponen sus respectivos ámbitos de validez. Pero hay dos cánones de validez: el comunitario y el estatal" ("¿Es posible el control pleno de convencionalidad en España?", in Miguel Carbonell, Héctor Fix-Fierro, Luis Raúl González Pérez, Diego Valadés (coords.), *Estudios en Homenaje a Jorge Carpizo*, t. V, vol. 1, México, UNAM, 2015, p. 260.

continuaremos a oferecer direitos civis, políticos, sociais e culturais à maioria da população da região.

20.3 Origens e alcance do controle de convencionalidade

O controle de *convencionalidade* é aquele exercido para verificar a compatibilidade das regras locais (direito interno) às convenções internacionais.

Ele é exercido primordialmente pela Corte Interamericana de Direitos Humanos.

Por seu intermédio, a Corte revisa a convencionalidade, verificando se os Estados cumprem ou não as regras e os princípios da Convenção Americana de Direitos Humanos e outros Tratados, com o intuito de conferir se houve alguma violação a essas regras internacionais.

O controle de convencionalidade não é exercido apenas no âmbito do sistema regional latino-americano na área dos direitos humanos, mas, como sabemos, é usualmente exercitado pelos juízes nacionais no espaço europeu, desde 1964 (caso "Costa *vs.* ENEL"),[15] como também pelo Tribunal de Luxemburgo.

Do mesmo modo, pretende a Corte que os juízes nacionais de nossa região estejam submetidos às suas decisões. Afinal, a Convenção e sua interpretação final é o que a Corte diz.

Ao converter os juízes nacionais em seus auxiliares, a Corte postula que eles realizem o controle de convencionalidade nacional.

Desde os casos "Almonacid Arellano vs. Chile", "Trabajadores cesados del Congreso *vs.* Perú" e "Cabrera García e Montiel Flores *vs.* México" reafirma-se essa postura.

É claro que poderão surgir posições diferentes entre os Tribunais Supremos ou Cortes Constitucionais e a Corte Interamericana de Direitos Humanos.[16]

15. Tribunal de Justiça das Comunidades Europeias, Caso 6/64, "Costa *vs.* ENEL". Neste famoso caso, decidiu-se que as leis e normas comunitárias, tanto primárias como secundárias são proeminentes em face da legislação interna anterior, como posterior, incluindo aí as Constituições nacionais. Posteriormente esse critério foi incorporado pelos sucessivos Tratados da União Europeia e seus protocolos.

16. Aliás, hoje temos um grande número de organizações e Tribunais Internacionais. Dentre outros, em nossa região, ou com jurisdição nos países da América Latina, temos a Corte Interamericana de Direitos Humanos, o Tribunal Penal Internacional

Aqui as soluções variam.

Para a Corte, ela é a intérprete principal e final das normas da Convenção Americana de Direitos Humanos e dos comportamentos tidos como infratores aos direitos lá previstos.

Já para os Estados, as posições variam. Muito embora hoje prevaleça em nossa região o acatamento às decisões da Corte pela maioria dos Estados que subscreveram a Declaração, encontramos posições intermediárias.

Assim, *v.g.*, o México entendeu existir o chamado efeito reduzido ou redutor das decisões da Corte em que não é ou foi parte. Em outras palavras, por essa doutrina, não estaria o Estado obrigado a seguir as decisões da Corte em que não tenha sido condenado.

Os critérios interpretativos da Corte só são obrigatórios para as autoridades mexicanas se decorressem de decisões e casos em que o México fosse parte, enquanto que, nos demais, as decisões da Corte (sem participação do Estado mexicano), poderiam ser acatados como meros "critérios jurisprudenciais gerais", orientadores de posições da Corte, mas não vinculantes para o Estado mexicano.[17]

É certo que não compete à Corte Interamericana revogar a lei inconvencional ou regrar abstratamente a situação levada a julgamento, substituindo o legislador nacional, mas declarar a inconvencionalidade do ato e determinar ao Estado que o adapte ao tratado internacional de direitos humanos sob pena de responsabilização internacional.

20.4 Desenvolvimento do controle de convencionalidade

Fala-se em dois tipos de controle de convencionalidade. O primário e o secundário.[18]

(TPI), os diversos Comitês previstos nos tratados internacionais, o OMC e seu órgão de solução de controvérsias, o Tribunal Permanente de Revisão do Mercosul, além naturalmente das Nações Unidas.

17. Há quem critique essa posição lembrando que não é coerente com o princípio da harmonização presente no art. 1º, parágrafo dois, da Constituição mexicana. As decisões da Corte deveriam sempre prevalecer sendo ou não parte o Estado mexicano em nome da harmonização, da interpretação dos direitos humanos na região.

18. A terminologia da doutrina varia. Néstor Sagüés, por exemplo, alude ao controle repressivo, aquele praticado pelos juízes nacionais, que consiste na inaplicação das regras do direito interno opostas ao Pacto de São José da Costa Rica. Já o controle

O controle de convencionalidade primário é aquele que é levado a cabo, em primeiro lugar, no campo doméstico dos países.

É o que ocorre sobretudo por juízes, integrantes do Poder Judiciário, que devem verificar a compatibilidade entre as normas internacionais e supranacionais com as normas domésticas.

Trata-se aí de um controle difuso feito internamente em cada um dos países integrantes do sistema regional de direitos humanos.

Ao seu lado, fala-se em um controle de convencionalidade secundário (concentrado) que é exercido pelo Tribunal regional competente, no nosso caso, a Corte Interamericana de Direitos Humanos.[19]

É bom desde logo esclarecer que o controle de convencionalidade tem um escopo largo e pode atingir todos os poderes e órgãos do Estado.

---

que denomina construtivo ou positivo é aquele que, em última instância, produz uma reciclagem da norma nacional, seja de natureza constitucional ou subconstitucional. Alude o professor argentino ao caso "Radilla Pacheco *vs.* México", em que na decisão, em seu parágrafo 340, a Corte destaca a necessidade de que as interpretações constitucionais e legais se amoldem aos princípios estabelecidos pela jurisprudência da Corte. É dizer, pensar, interpretar e fazer funcionar todo o direito interno, de conformidade com as pautas do Pacto de São José da Costa Rica e com a jurisprudência da Corte. Vide Néstor Sagüés, "Nuevas fronteras del control de convencionalidad: el reciclaje del derecho nacional y el control legisferante de convencionalidad", *Revista de Investigações Constitucionais*, vol. 1, n. 2, Curitiba, maio-ago. 2014, pp. 23-32.

19. A terminologia do controle varia segundo a doutrina estudada. Para Sergio García Ramírez por exemplo: "El control propio, original o externo de convencionalidad recae en el tribunal supranacional llamado a ejercer la confrontación entre actos domésticos y disposiciones convencionales, en su caso, con el propósito de apreciar la compatibilidad entre aquéllos y éstas – bajo el imperio del derecho internacional de los derechos humanos –, y resolver la contienda a través de la sentencia declarativa y condenatoria que, en su caso, corresponda. En definitiva, ese control incumbe, original y oficialmente, a la Corte IDH cuando se trata de examinar casos de los que aquélla conoce y a los que aplica normas conforme a su propia competencia material. De ahí que haya aludido a un control *propio, original o externo.* Ahora bien, cuando menciono el control interno de convencionalidad me refiero a la potestad conferida o reconocida a determinados órganos jurisdiccionales – o todos los órganos jurisdiccionales, como infra veremos – para verificar la congruencia entre actos internos – así, esencialmente, las disposiciones domésticas de alcance general: Constituciones, leyes, reglamentos, etcétera – con las disposiciones del derecho internacional (que en la hipótesis que me interesa reduciré a una de sus expresiones: el derecho internacional de los derechos humanos, y más estrictamente el derecho interamericano de esta materia)" ("El control judicial interno de convencionalidad", *IUS, Revista del Instituto de Ciencias Jurídicas de Puebla*, n. 28, México, jul.-dez. 2011, p. 126).

É dizer, não só se observa uma revisão da atividade das decisões judiciais nacionais, como também de todos os órgãos e poderes do Estado, notadamente do Executivo e de suas políticas públicas, e do Legislativo inclusive.

E assim é porque têm-se como certo que hoje *todas as autoridades do Estado* devam exercer o controle de convencionalidade[20] (arts. 1.2 e 2, CADH).

A ideia que preside o controle encontra-se exatamente na atenção que se dá ao ser humano e sua respectiva proteção.

20.5 Princípio da subsidiariedade

O sistema interamericano de defesa dos direitos humanos funciona sob o princípio da *subsidiariedade*.

Segundo ele, é o Estado o principal defensor dos direitos humanos. Compete a ele proteger as pessoas de tal maneira que, se houver a violação de tais direitos, é o Estado quem deve resolver o assunto no âmbito doméstico antes de responder nas esferas internacionais.

A exceção a esse princípio ocorre quando não existe na legislação interna, por exemplo, o devido processo legal,[21] ou quando não se permita ao denunciante o acesso a canais domésticos ou quando se impeça o esgotamento das instâncias (vide CADH, arts. 46.2 "a" e "b").

Desse modo, e em geral, os sistemas de proteção de direitos (humanos) nasceram como um tipo de instância *especial* mediante a qual as pretensões de proteção dos direitos, uma vez esgotados os caminhos legais internos, podem ser suscitadas em face da Comissão Interamericana e, depois, perante o Tribunal, para a solução do problema apresentado.

No sistema europeu, como se sabe, o acesso dá-se diretamente no seu Tribunal (TEDH), sem a intermediação de Comissão alguma, uma vez esgotados os caminhos legais domésticos.

O Estado reconhecido e declarado pela Comissão ou pela Corte Interamericana como um infrator das normas de proteção dos direitos

---

20. Vide caso "Masacre de Santo Domingo *vs.* Colombia", decisão de 30.11.2012.
21. Vide de Elizabeth Salmón e Cristina Blanco, *El Derecho al Debido Proceso en la Jurisprudencia de la Corte Interamericana de Derechos Humanos*, Perú, PUC del Perú, IDEHPUCP, 2012.

humanos, contidas sobretudo na Convenção Americana, deverá executar a decisão da Corte Interamericana ou de qualquer Corte ou Tribunal Internacional que integre.

A Corte Interamericana de Direitos Humanos, em suas decisões, considera inclusive as compensações econômicas para as vítimas como também procura ao máximo "restabelecer", na medida do possível, o direito violado pelos Estados, inclusive apontando que medidas legislativas os Estados devem adotar para corrigir ou sanar as leis incompatíveis com os direitos humanos e sua teleologia.

20.6 Intensidade e alcance do controle

O controle de convencionalidade pode dar-se com maior ou menor intensidade de conformidade com as regras e princípios aplicáveis em determinado Estado, dependendo da legislação interna de cada país.

O controle propriamente dito (em caráter estrito), deve ser exercido pelo Poder Judiciário e, em geral, por quem realiza funções judiciais em cada Estado. E isto porque somente o Poder Judiciário está em condições de declarar a invalidade da norma jurídica inconvencional.

Nada obstante, tanto o Poder Legislativo como o Poder Executivo e seus agentes estão sujeitos ao controle de convencionalidade (em sentido lato).

Para isso devem estar atentos à jurisprudência internacional para evitar atos de execução ou a responsabilidade internacional do Estado que infrinja os tratados e convenções internacionais.

É dizer, as autoridades do Executivo e os representantes do Poder Legislativo devem estar atentos às decisões proferidas pelo sistema regional de direitos humanos, aplicando e interpretando as leis do seu país de acordo com as linhas exegéticas do direito internacional dos direitos humanos de maneira que seja mais favorável (positiva) à sua teleologia.[22]

Segundo registra Eduardo Ferrer Mac-Gregor, o grau de intensidade de aplicação do controle de convencionalidade é variável segundo a maneira que esse controle ocorra em cada país. Conforme o autor, ele é exercido com maior intensidade nos Estados que adotam um controle

---

22. Nesse sentido vide o caso "Radilla Pacheco", de 2010, da Suprema Corte do México.

difuso ao dotar todos os juízes do poder de não aplicar ou invalidar a norma inconvencional.

De outra parte existe a aplicação intermediária desse controle, por exemplo, quando, em lugar de romper com uma regra local viciada, ele esteja em condições de levar a cabo uma *interpretação conforme* da normatividade interna com os tratados internacionais ou supranacionais e com a jurisprudência interamericana.[23]

De fato, as sentenças da Corte Interamericana de Direitos Humanos não se limitam a declarar a responsabilidade internacional do Estado demandado, mas também têm incluído condições ou requisitos interpretativos da Convenção Americana.

Alguns exemplos podem esclarecer o ponto. No caso *"La última tentación de Cristo vs.* Chile" (2001), a Corte, além de declarar a responsabilidade internacional do Estado chileno, ordenou-lhe modificar o art. 19 de sua Constituição com o objetivo de assegurar o cumprimento do direito de liberdade de expressão, mediante a supressão da censura prévia.

A partir deste caso, e em razão da conclusão da Corte, determinou-se a diversos outros Estados que modificassem normas de seu sistema legislativo incompatíveis com a Convenção Americana de Direitos Humanos.[24]

Também já é comum a Corte Interamericana de Direitos Humanos determinar não só a modificação da norma constitucional como de normas legais incompatíveis com a Convenção Americana de Direitos Humanos.

Ademais, também como consequência de suas decisões, a Corte, por exemplo, determinou novas investigações em casos envolvendo investigações encerradas; deixar sem efeito a pena imposta a um cidadão, que não a pena de morte; ou declarar contrária à Convenção toda forma de anistia, perdão ou indultos gerais.

Desse modo, podemos dizer que os operadores da justiça internacional e mesmo nacional devam suprir as lacunas, as deficiências e as incompatibilidades das normas internas e internacionais em matéria de direitos humanos, guiando-se pela coordenação e complementação *pro*

---

23. Eduardo Ferrer Mac-Gregor, "El control difuso de convencionalidad en el Estado Constitucional", in *Panorámica del Derecho Procesal Constitucional y Convencional*, Madrid, Marcial Pons, 2013.

24. Determinou a Corte modificações na legislação do Equador, Peru, México, Guatemala e outros países.

homine,[25] com o intuito de alcançar uma verdadeira articulação e integração entre o direito interno e internacional dos direitos humanos.

Como sabemos, a Corte tem sua competência definida no art. 33 da Convenção e tem caráter consultivo e contencioso.

Nos casos contenciosos, além das decisões de mérito, a Corte também ordena medidas provisórias (quando cabíveis, evidentemente), em casos de urgência.

Sua função consultiva está prevista no art. 64 (1) e tem legitimidade para requerê-la os Estados-Partes da Convenção, da OEA. Por seu intermédio, obtêm-se a intelecção da Convenção e de tratados de direitos humanos nos Estados americanos.

A própria Comissão Interamericana pode também formular consultas. Existem dois tipos de pareceres consultivos. O de controle da interpretação das normas americanas de direitos humanos e os de controle de leis ou projetos com relação às disposições da Convenção Americana em que se analisa a incompatibilidade entre os projetos e a Convenção.

Há dois casos importantes para o Direito brasileiro em particular. A Opinião n. 5, sobre o registro da profissão de jornalista, e a de n. 16, sobre assistência consular.

No primeiro caso reconheceu-se, além de outros aspectos, a violação do antigo Decreto 972/1969 ao art. 13 da Convenção Americana de Direitos Humanos.

Já na OC n. 16, com origem em consulta do México, de 1997, a Corte decidiu que a comunicação consular é uma forma de proteção dos direitos humanos, é um direito do preso.

20.7 O controle de convencionalidade e o Supremo Tribunal Federal

A primeira pergunta a ser feita é básica.

25. Sobre o princípio *pro persona*, vide, dentre outros, Humberto Henderson, "Los Tratados Internacionales de Derechos Humanos en el orden interno: la importancia del principio *pro homine*", *Revista da Corte IDH*, n. 39, 2004 (disponível em: www.corteidh.or.cr/tablas/R077293.pdf); Karlos Castilla, "El principio pro-persona en la administración de justicia", *Revista Mexicana de Derecho Constitucional*, "Cuestiones Constitucionales", n. 20, UNAM, 2009; Álvaro Francisco Amaya Villareal, "El principio pro-homine: interpretación extensiva *vs.* el consentimiento del Estado", *Revista Colombiana de Derecho Internacional*, n. 5, 2005.

Existe um controle de convencionalidade no Supremo Tribunal Federal? Os seus juízes regularmente tomam a Corte Interamericana de Direitos Humanos em conta, que mais nos importa no momento, e levam suas decisões a sério?

Quando estão diante de questões em que tratados internacionais, especialmente de direitos humanos, aplicam tais normas levando em conta o que já decidiu a Corte?

Inicialmente, registre-se que o Brasil reconheceu a jurisdição da Corte Interamericana de Direitos Humanos, do Tribunal Internacional Penal (TPI). Ademais, submete-se a vários Comitês de Direitos Humanos estabelecidos em tratados celebrados sob o comando das Organização das Nações Unidas (ONU).

É evidente que as partes que ajuízam medidas perante o Supremo Tribunal Federal trazem àquele Tribunal as normas e princípios que devem ser aplicados no tema dos direitos humanos. Desse modo, não é por falta de amplo conhecimento que o Supremo muitas vezes faz "ouvidos moucos" às decisões da Corte Interamericana.

Creio que é dever dos Tribunais nacionais, e nele incluo o Supremo, conhecer e aplicar o direito internacional (dos direitos humanos). Nada justifica que se apliquem normas e princípios de direito internacional e na vez dos direitos humanos faça-se uma abordagem diversa somente porque ele tem uma corte especial que aprecia e julga suas violações em Costa Rica.

Se o Supremo é *guardião* da Constituição, como diz o texto, deve aplicá-la também realizando o controle de convencionalidade.

A norma estatal interna que se choca com um tratado de direitos humanos ou com uma decisão da Corte é em princípio inválida e assim deve ser reconhecida pelo Supremo Tribunal Federal.

Não foi outro o entendimento no caso "Almonacid Arrelano" que tramitou na Corte. Reconhecida a inconvencionalidade, a consequência será inaplicar a norma objeto da impugnação. Ainda nesta mesma linha, e seguindo a tradição do controle de constitucionalidade, deve-se considerá-la inexistente, inválida, írrita, com efeitos retroativos (*ex tunc*).

Recorde-se ainda que por força do § 3º, do art. 5º, da CF, (agora expressamente), os tratados internacionais de direitos humanos devem servir de parâmetro de controle de convencionalidade pelo STF.

Pois se assim é, é possível e desejável que haja regular e naturalmente ações diretas (e declaratórias) de inconstitucionalidade ou de inconvencionalidade de leis ou de atos normativos federais, estaduais perante nosso STF.

É dizer, todas as ações hoje cabíveis no controle abstrato de constitucionalidade perante o STF servem também ao controle da convencionalidade.

Teríamos assim tantas *modalidades* de ações de inconvencionalidade quanto hoje existem as ações de inconstitucionalidade.

De tal modo, estabelecem-se dois tipos de controle de convencionalidade: o *abstrato* e o *concreto* a exemplo do que já ocorre no controle de constitucionalidade.

Todo o direito nacional deve amoldar-se às regras postas nos tratados internacionais de direitos humanos. O Judiciário, de acordo com suas regras de jurisdição e competência, controlará a compatibilidade de tais normas seja por intermédio do controle abstrato,[26] seja por intermédio do controle concreto (concentrado e difuso), como dizia a classificação tradicional da doutrina.[27]

No passado, analisamos de que modo o STF conhecia e aplicava decisões de outros Tribunais Internacionais ou congêneres.

Algumas decisões sobre o tema são importantes, a saber:

1) O Habeas-Corpus 90.450-5-MG, rel. Min. Celso de Mello, da 2ª Turma do STF, julgado em 23.9.2008, tendo como paciente Demétrios Nicolaos Nikolaidis e coator o Presidente do Superior Tribunal de Justiça.

Nele, o relator consignou sua posição pessoal da hierarquia dos tratados internacionais de direitos humanos; ressaltou a necessidade dos juízes e tribunais observarem o art. 29 da Convenção Americana de Direitos Humanos (norma mais favorável à pessoa humana) e a necessidade de o Judiciário retirar a máxima eficácia das declarações internacionais.

No caso em exame, o paciente impetrou *habeas corpus* preventivo contra ato denegatório de liminar do Ministro Presidente do STJ. O juízo da 4ª Vara dos Feitos Tributários da Comarca de Belo Horizonte-MG

26. Inclusive com a ADPF.
27. Sobre o tema, especialmente a respeito dos "tratados recepcionados com ou sem equivalência a emendas constitucionais: colisão ou concorrência normativa", vide Leonardo Martins e Thiago Oliveira Moreira, *Anuário de Derecho Constitucional Latino-Americano*, Montevideo, 2011. Vide também Luíz Guilherme Arcaro Conci, "O controle de convencionalidade como parte de um constitucionalismo transnacional fundado na pessoa humana", *Revista de Processo* 232, 2014.

expediu mandado de prisão em face do paciente que, depositário judicial nos autos da execução fiscal n. 024.99.053.662-5, foi qualificado como infiel após deixar de devolver os bens penhorados.

Novo HC foi interposto junto ao STJ sendo indeferida a liminar. Sustentava o impetrante a inconstitucionalidade da prisão civil de depositário infiel por ofender à norma insculpida no Pacto de San José da Costa Rica, bem como no art. 5º, § 2º, da CF/1988.

Neste caso, bem lembrou o relator, Min. Celso de Mello, que a Declaração e Programa de Ação de Viena, adotada pela Conferência Mundial sobre Direitos Humanos, foi responsável por significativos avanços conceituais que se projetaram nos planos concernentes à legitimidade das preocupações internacionais com os direitos humanos, à interdependência entre democracia, desenvolvimento e direitos humanos e, ainda, o reconhecimento do sentido de universalidade dos direitos humanos.

Recorda ainda o compromisso da Declaração de Viena especialmente o compromisso solene de todos os Estados promoverem o respeito universal e a observância e proteção de todos os direitos humanos e liberdades fundamentais das pessoas, assegurando-lhes, para esse efeito, meios destinados a viabilizar o acesso à própria jurisdição de organismos internacionais.

2) ADPF 153, rel. Min. Eros Grau, ajuizada pelo Conselho Federal da OAB. Nela requeria-se que fosse interpretado o parágrafo único do art. 1º da Lei 6.683/1979, conforme a Constituição de 1988, de modo a declarar, à luz de seus preceitos fundamentais, que a anistia concedida pela citada lei aos crimes políticos ou conexos não se estende aos crimes comuns praticados pelos agentes da repressão, civis ou militares, contra opositores políticos, durante o regime militar.

Essencialmente o Conselho invocava a isonomia, o direito à verdade,[28] os princípios republicano, democrático e a dignidade da pessoa humana[29] como base do pedido.

Ressalte-se que na origem o Brasil foi processado em 2009, pela Comissão Interamericana de Direitos Humanos na Corte. Para a Comissão, o Brasil deve responder pela detenção arbitrária, tortura e desaparecimento

---

28. Vide de Luis Giancarlo Torreblanca Gonzales, "El derecho a la verdad en el ámbito Iberoamericano", *Revista de Derecho Ius Humani*, vol. 3, Lima, 2012/2013.

29. Respectivamente arts. 5º, *caput*, XXXIII; e 1º, parágrafo único e inciso III, todos da CF.

forçado de 70 pessoas, entre membros do Partido Comunista do Brasil e camponeses, como resultado de operações do Exército brasileiro (1970-1975), com o objetivo de erradicar a Guerrilha do Araguaia, no contexto da ditadura militar brasileira (1964-1984).

De acordo com a Comissão, o Brasil ainda deve ser responsabilizado internacionalmente por não ter realizado uma investigação penal com o objetivo de julgar e sancionar os responsáveis pelo desaparecimento forçado dessas pessoas e pela execução da Sra. Maria Lucia Petit da Silva, cujos restos mortais foram encontrados e identificados em maio de 1996.

Dentre outros aspectos, a Comissão também entendeu que houve impunidade em relação aos responsáveis, falta de informação aos familiares e recursos inúteis ou sem eficácia, obstaculizando o exercício dos direitos e liberdades pelas famílias das vítimas.

Lamentavelmente, à ocasião, em 2010, sete dos onze[30] Ministros do STF declararam improcedente a ação.

Apenas dois Ministros votaram pela procedência parcial da ação, Carlos Britto e Ricardo Lewandowski.

Posteriormente, como se sabe, a Corte condenou o Brasil neste caso, exigindo que fosse feita completa investigação, persecução e punição criminal aos agentes da repressão política durante a ditadura militar, determinado que o Brasil desconsiderasse a chamada Lei da Anistia para tais indivíduos.

Para André de Carvalho Ramos:[31]

> Não cabe, então alegar coisa julgada ou efeito vinculante para obstar inquéritos policiais ou ação penal que estejam a aplicar a sentença interamericana, pois não houve rescisão ou declaração de nulidade da decisão da ADPF n. 153, que continua a produzir efeitos no que tange aos seus fundamentos de direito interno.
>
> Só que as autoridades envolvidas devem cumprir agora a sentença internacional, com base no art. 7º, da ADCT, bem como os demais artigos que tratam de tratados internacionais de Direitos Humanos.
>
> Essa teoria do duplo controle permite a convivência entre as ordens normativas justapostas na defesa de Direitos Humanos.

---

30. Com *quorum* circunstancial de nove Ministros.
31. André de Carvalho Ramos, "Pluralidade das ordens jurídicas: uma nova perspectiva na relação entre o Direito Internacional e o Direito Constitucional", *Revista da Faculdade de Direito da Universidade de São Paulo*, vol. 106/107.

3) No Recurso Extraordinário 511.961, rel. Min. Gilmar Mendes, Tribunal Pleno, julgado em 17.6.2009, decidiu o Supremo que a exigência de diploma de curso superior para o exercício da profissão de jornalista é inconstitucional.

À ocasião citou-se como fundamento da decisão a jurisprudência da corte interamericana de direitos humanos de 13.11.1985, declarando que a obrigatoriedade do diploma universitário e da inscrição em ordem profissional para o exercício da profissão de jornalista viola o art. 13 da Convenção Americana de Direitos Humanos (caso "La colegiación obligatoria de periodistas", Opinião Consultiva OC 5/85, de 1985).

4) Do mesmo modo, no *Habeas Corpus* 11.0185, rel. Min. Celso de Mello, julgado em 14.5.2013, a 2ª Turma do STF decidiu que a imputação a um civil de prática de crimes militares fere o princípio do juiz natural.

Neste caso utilizou-se ilustrativamente de vários casos julgados por tribunais e cortes constitucionais de diversos países como EUA, Corte Interamericana e outros.

5) Na Ação de Descumprimento de Preceito Fundamental 132 do Rio de Janeiro, julgada em 5.5.2011, em que se debatia o reconhecimento jurídico da união homoafetiva, o Supremo Tribunal Federal, rel. Min. Ayres Britto, faz análise compreensiva do caso "Loayza Tamayo *vs.* Perú", "Cantoral Benavides *vs.* Perú" e "Gutiérrez Soler *vs.* Colombia" (julgado em 12.9.2005).

6) Na Ação Penal 470, popularmente conhecido como o caso do "Mensalão", de Minas Gerais (embargos infringentes), em seu voto o Min Celso de Mello recorda vários precedentes da Corte envolvendo o tema do duplo grau de jurisdição no sistema interamericano de direitos humanos, especialmente o caso "Barreto Leiva *vs.* Venezuela".

Como já observamos em trabalho anterior sobre a matéria,[32] o Supremo Tribunal Federal vem, ainda de forma tímida mas crescente, utilizando precedentes de Cortes e Tribunais Internacionais, inclusive da Corte em suas decisões.

Ocorre que às vezes utiliza a decisão apenas como reforço de argumento e não propriamente investigando, analisando e debatendo a decisão em um diálogo construtivo entre Cortes e Tribunais, tão necessário e saudável atualmente.

---

32. "Notas a respeito da utilização da jurisprudência estrangeira pelo Supremo Tribunal Federal no Brasil", *Revista Brasileira de Estudos Constitucionais*, 2009.

BIBLIOGRAFIA

BARBOSA DELGADO, Francisco R. "Los límites a la doctrina del margen nacional de apreciación en el Tribunal Europeo y la CIDH: intervención judicial en torno a ciertos derechos de las minorías étnicas y culturales", *Revista Derecho del Estado*, n. 26. Bogotá, 2011.

BREWER-CARÍAS, Allan. *Instituciones Políticas y Constitucionales*, t. VI: *Justicia Constitucional*. Caracas, Universidad Católica del Táchira, Editorial Jurídica Venezolana, 1996.

BUENO, Cassio Scarpinella. *Amicus Curiae no Processo Civil Brasileiro*. 2ª ed. São Paulo, Saraiva, 2008.

CARBONELL, Miguel; FIX-FIERRO, Héctor; GONZÁLEZ PÉREZ, Luis Raúl; VALADÉS, Diego (coords.). *Estudios en homenaje a Jorge Carpizo*, t. V, vol. 1. México, UNAM, 2015.

CASTILLA, Karlos. "El principio *pro-persona* en la administración de justicia", *Revista Mexicana de Derecho Constitucional*, "Cuestiones Constitucionales", n. 20. México, UNAM, 2009.

CASTRO, Carlos Roberto Siqueira. "Da declaração de inconstitucionalidade e seus efeitos", *Cadernos de Direito Constitucional e Ciência Política*, n. 21, São Paulo, IBDC, Ed. RT, 1997.

CLÈVE, Clèmerson Merlin. *A Fiscalização Abstrata de Constitucionalidade no Direito Brasileiro*. São Paulo, Ed. RT, 2000.

CONCI, Luíz Guilherme Arcaro. "O controle de convencionalidade como parte de um constitucionalismo transnacional fundado na pessoa humana", *Revista de Processo* 232/2014.

CORAO, Carlos Ayala. *Del Diálogo Jurisprudencial al Control de Convencionalidad*. Coleção Estudos Jurídicos 98. Caracas, Editorial Jurídica Venezolana, 2012.

CORRÊA PINTO, José Guilherme Berman. "O controle concreto de constitucionalidade na Europa e na América do Norte: um estudo comparado", *Revista Direito, Estado e Sociedade*, n. 30, jan.-jun. 2007.

CUNHA, José Ricardo. "Direitos humanos e justiciabilidade. Pesquisa no TJRJ", *SUR, Revista de Direitos Humanos*, vol. 2, n. 3, 2005.

DIMOULIS, Dimitri; LUNARDI, Soraya. *Curso de Processo Constitucional – Controle de Constitucionalidade e Remédios Constitucionais*. São Paulo, FGV e Atlas, 2011.

FIGUEIREDO, Marcelo. *O Direito Constitucional Transnacional e algumas de suas Dimensões*, no prelo.

_____. "O controle de constitucionalidade: algumas notas e preocupações", in TAVARES, André Ramos e outro (orgs.). *Aspectos Atuais do Controle de Constitucionalidade no Brasil*. Rio de Janeiro, Forense, 2003.

_____. "El carácter contra mayoritario del Poder Judicial – ¿Una preocupación Norte Americana?", in MANILI, Pablo Luis (coord.). *Marbury vs. Madison. Reflexiones sobre una Sentencia Bicentenária*. México, Porrúa-IMDPC, 2011.

_____. "América Latina y la defensa de los derechos humanos las Constituciones y el derecho internacional de los derechos humanos en la región", in MEZZETTI, Luca; PIZZOLO, Calogero (orgs.). *Diritto Costituzionale Transnazionale, Atti del Seminario Internazionale di Studi*. Bologna, Filodiritto Editora, março 2012.

_____. "Estatuto jurídico del juez constitucional", in MAILLARD, Jose Luis Prado (org.). *Homenaje al Doctor Jorge Carpizo*. México, UNAM, 2013.

_____. "La Magistratura y el Supremo Tribunal en el sistema constitucional brasileño", in ASTUDILLO, César; FIX-ZAMUDIO, Héctor (coords.). *Estatuto Jurídico del Juez Constitucional en América Latina y Europa*, vol. 1. México, UNAM-Instituto de Investigaciones Jurídicas, 2013.

_____. "La internacionalización del orden interno en clave del derecho constitucional transnacional", in PIOVESAN, Flavia; BOGDANDY, Armin von; ANTONIAZZI, Mariela Morales. *Estudos Avançados de Direitos Humanos*. Rio de Janeiro, Elsevier, 2013.

FIGUEIREDO, Marcelo; DALLARI, Adilson. "Supremo Tribunal Federal: o processo de nomeação dos Ministros", publicado no site *Migalhas* em 23.2.2013, (www.migalhas.com.br/dePeso/16,MI172816,71043-Supremo+Tribunal+Federal+o+processo+de+nomeacao+dos+ministros).

FLORES SALDAÑA, Antonio. *El Control de Convencionalidad y la Hermenéutica Constitucional de los Derechos Humanos*. México, Porrúa, 2014.

FREITAS, Horival Marques de. *Repercussão Geral das Questões Constitucionais – Sua Aplicação pelo Supremo Tribunal Federal*. São Paulo, Malheiros Editores, 2015.

FUX, Luiz; FREIRE, Alexandre; DANTAS, Bruno (coords.). *Repercussão Geral da Questão Constitucional*. Rio de Janeiro, Forense, 2014.

GONZALES, Luis Giancarlo Torreblanca. "El derecho a la verdad en el ámbito iberoamericano", *Revista de Derecho Ius Humani*, vol. 3. Lima, 2012/2013.

GOZAÍNI, Osvaldo. *Introducción al Derecho Procesal Constitucional*. Buenos Aires, Rubinzal-Culzoni Editores, 2006.

GRECCO FILHO, Vicente. *Direito Processual Civil Brasileiro*, vol. 2. 18ª ed. São Paulo, Saraiva, 2007.

GROPPI, Tania. "Titularidad y legitimación ante la jurisdicción constitucional. Una perspectiva comparada", in MEZZETTI, Luca; MAC-GREGOR, Eduardo Ferrer (orgs.). *Diritto Processuale Costituzionale, omaggio italiano a Héctor Fix-Zamudio per i suoi 50 anni di Ricercatore di Diritto*. Padova, Cedam, 2010.

HENDERSON, Humberto. "Los Tratados Internacionales de Derechos Humanos en el orden interno: la importancia del principio *pro homine*", *Revista da Corte IDH*, n. 39, 2004. Disponível em www.corteidh.or.cr/tablas/R077293.pdf.

MAC-GREGOR, Eduardo Ferrer. "Interpretación conforme y control difuso de convencionalidad; el nuevo paradigma para el juez mexicano", in SAIZ ARNAZ, Alejandro; MAC-GREGOR, Eduardo Ferrer (coords.). *Control de Convencionalidad, Interpretación Conforme y Diálogo Jurisprudencial. Una visión desde América Latina y Europa*. México, Porrúa-UNAM, 2012.

_____. "El control difuso de convencionalidad en el Estado Constitucional", in *Panorámica del Derecho Procesal Constitucional y Convencional*. Madrid, Marcial Pons, 2013.

MARTÍNEZ ESTAY, José Ignácio. "Auto-restricción, deferencia y margen de apreciación. Breve análisis de sus orígenes y de su desarrollo", *Revista Estudios Constitucionales*, n. 1. Ano 12, Chile, Centro de Estudios Constitucionales de Talca, 2014.

MARTINS, Leonardo; MOREIRA, Thiago Oliveira. *Anuario de Derecho Constitucional Latinoamericano*. Ano XVI, Montevideo, 2011.

MENDES, Gilmar Ferreira. *Jurisdição Constitucional*. São Paulo, Saraiva, 1996.

MIRANDA Jorge. *Manual de Direito Constitucional*, t. VI. 3ª ed. Coimbra, Coimbra Editora, 2008.

RAMIREZ, Sergio García. "El control judicial interno de convencionalidad", *IUS, Revista del Instituto de Ciencias Jurídicas de Puebla*, n. 28. Ano V, México, jul.-dez. 2011.

RAMOS, André de Carvalho. "Pluralidade das ordens jurídicas: uma nova perspectiva na relação entre o Direito Internacional e o Direito Constitucional", *Revista da Faculdade de Direito da Universidade de São Paulo*, vol. 106/107.

SAGÜÉS, Néstor Pedro. "Control de constitucionalidad y control de convencionalidad: a propósito de la 'constitución convencionalizada'", *Parlamento y Constitución*, n. 14, 2011.

_____. "Nuevas fronteras del control de convencionalidad: el reciclaje del derecho nacional y el control legisferante de convencionalidad", *Revista de Investigações Constitucionais*, vol. 1, n. 2. Curitiba, maio-ago. 2014.

SALMÓN, Elizabeth; BLANCO, Cristina. *El Derecho al Debido Proceso en la Jurisprudencia de la Corte Interamericana de Derechos Humanos*. Perú, PUC del Perú, IDEHPUCP, 2012.

SARLET, Ingo Wolfgang. *Dignidade da Pessoa Humana e Direitos Fundamentais na Constituição Federal de 1988*. 6ª ed. Porto Alegre, Livraria do Advogado, 2008.

SARMENTO, Daniel. "Eficácia temporal do controle de constitucionalidade", *RDA* 212, 1998.

SILVA, Virgílio Afonso da. "Interpretação conforme a Constituição: entre a trivialidade e a centralização judicial", *Revista Direito FGV*, vol. 2.

SILVA NETO, Manoel Jorge e. *Curso de Direito Constitucional*. 7ª ed. Rio de Janeiro, Lumen Juris, 2011.

URUEÑA, René. "Luchas locales, Cortes Internacionales. Una exploración de la protección multinivel de los Derechos Humanos en América Latina", *Revista Derecho del Estado*, n. 30. Bogotá, jan.-jun. 2013.

USERA, Raúl Canosa. "¿Es posible el control pleno de convencionalidad en España?", in CARBONELL, Miguel; FIX-FIERRO, Héctor; GONZÁLEZ PÉREZ, Luis Raúl; VALADÉS, Diego (coords.). *Estudios en Homenaje a Jorge Carpizo*, t. V, vol. 1. México, UNAM, 2015.

VERGOTTINI, Giuseppe. *Más Allá del Diálogo entre Tribunales. Comparación y Relación entre Jurisdicciones*. Prólogo de Javier García Roca. Madrid, Civitas e Thomson Reuters, 2010.

VILLAREAL, Álvaro Francisco Amaya de. "El principio *pro-homine*: interpretación extensiva *vs.* el consentimiento del Estado", *Revista Colombiana de Derecho Internacional*, n. 5, 2005.

WILLOUGHBY, Westel W. *The Fundamental Concepts of Public Law*. New York, Macmillan, 1931.

ÍNDICE ALFABÉTICO-REMISSIVO GERAL

(os números referem-se aos capítulos)

Ação Direta de Inconstitucionalidade: *7* e *8*
Acesso a Corte Interamericana de Direitos Humanos/CIDH: *19*
Amicus Curiae: *12*
Audiência Pública: *13*
Coisa Julgada: *18*
Controle Concentrado de Constitucionalidade: *5* e *8* (ação direta)
Controle de Constitucionalidade na Alemanha: *6*
Controle de Constitucionalidade no Brasil – histórico: *2*
Controle de Convencionalidade e o STF: *20* (*20.7*)
Controle de Convencionalidade e o Supremo Tribunal Federal: *20* (20.7)
Controle de Convencionalidade no Sistema Regional de Controle dos Direitos Humanos: *20*
Controle de Convencionalidade, Origens e Alcance: *20* (**20.3**)
Direitos Humanos – Proteção Regional: *20* (20.II)
Efeitos Vinculantes: *17*
Histórico do Controle de Constitucionalidade no Brasil: *2*
Interpretação Conforme a Constituição: *15*
Justiça Constitucional: *6*
Legitimidade dos Tribunais Constitucionais: *6*
Legitimidade na ação direta: *10*
Lei 9.868/1999: *11*
Medida Cautelar: *16*
Modalidades ou Tipos de Inconstitucionalidade: *4*
Modulação dos Efeitos Temporais no Controle de Constitucionalidade das Leis: *14*
Princípio da Subsidiariedade: *20* (20.5)
Procedimento da Lei 9.868/1999 – Pedido: *11*
Relação Direito Constitucional e o Direito Internacional – *20* (20.1)
Supremacia Constitucional e Controle de Constitucionalidade: *3*
Tipos de Inconstitucionalidade (modalidades): *4*

00462

GRÁFICA PAYM
Tel. [11] 4392-3344
paym@graficapaym.com.br